D0572276

新装版
商談のための日本語
We Mean Business: Japanese for Business People
米田隆介・藤井和子・重野美枝・池田広子　共著

中級
Intermediate Level

©1996 by YONEDA Ryusuke, FUJII Kazuko, SHIGENO Mie and IKEDA Hiroko

Published by 3A Corporation.
Shoei Bldg., 6-3, Sarugaku-cho 2-chome, Chiyoda-ku, Tokyo 101-0064, Japan

ISBN978-4-88319-402-5 C 0081

First published 1996
Printed in Japan

はじめに

　情報ネットワークが発達し、ビジネスに国境がなくなりつつある現在、日本語で商談をする外国人は確実に増え続けています。単に生活を円滑にするための日本語というのではなく、ビジネス現場でただちに使え、国際的にも難しいとされる日本人との交渉を可能にするような日本語の習得を求める学習者は近年目に見えて増加してきました。こうした背景を踏まえ、1996年6月からはジェトロによる外国人ビジネスマン向け日本語能力試験ともいうべきジェトロビジネス日本語能力テストも始まりました。

　私たち4人は長年外国人ビジネスマンの日本語教育に携わった経験から、ビジネスの出発点である商談に焦点をあわせたビジネス日本語のテキストの必要性を痛感していました。また、ビジネス経験もなく、日本語教師としての経験も浅い教師であっても教えられる、教えやすいテキストでなければならないとも考えました。そうした現場のニーズから生まれてきたのが本書です。

　各課は機能別に構成されており、最終的にプレゼンテーションのやり方が身につくようになっています。また、日本語で重要な「内」と「外」の言葉の使い分けを類型的に習得できるよう「社内」と「社外」の表現を対比させて提出しました。そこで用いられる表現は明らかに異なっており、ビジネス活動を行う場合にその表現差を無視するわけにはいきません。両者の違いを十分に把握し、使い分けることで、初めて適切なコミュニケーション活動ができるのです。この点を十分意識しながら、本書はSTAGE 1で「社内」と「社外」で用いられる基本的な機能表現を対比させて提出しました。(7課クレーム、8課プレゼンテーションを除く)STAGE 1で対比・提示されている機能表現は、数ある中から取捨選択し、それぞれの課の機能を最もよく代表していると思われる表現を取り上げてあります。この機能表現の選択には時間をかけ、慎重に検討し、さらに複数のビジネスマンの助言をいただきました。その結果、各課で必要最低限の機能表現をSTAGE 1に集約することができました。そしてより複雑なタスクをこなすのに必要な表現で重要なものはSTAGE 2にできるだけ提出しました。STAGE 3で、実際のビジネス場面に即したロールプレーを行うことで運用力を確かなものにし、STAGE 4では教室外での実践が行えるようになっています。STAGE 1からSTAGE 3まで、難易度順に提出してあるロールプレーをやっていけば、STAGE 4に提示されている複雑なタスクを達成する日本語能力が習得できるように構成されています。

　本書はその原稿の段階で実際にクラスで使用し、修正してできあがったものですが、さらなる改良のために皆様方のご意見、ご感想をお聞かせください。

最後にこのテキストをまとめるにあたって、トライアルに協力していただき、貴重な御意見をお寄せくださった元ソニーランゲージラボラトリーの三嶋路子先生始め、各先生方に感謝の意を表したいと思います。また、出版に力を貸してくださった先生方や友人達、とりわけスリーエーネットワークの藤嵜政子さん、堤由子さん、萩原弘毅さん、英訳のチェックをしてくださったニコラス・J・マクニールさんに心よりお礼を申し上げます。

　1996 年 10 月

米田隆介
藤井和子
重野美枝
池田広子

このテキストを使う方へ

1．本書の構成とその特徴

　本書は 1 課ごとに機能別に分かれており、各課はそれぞれ、***STAGE 1***、***STAGE 2***、***STAGE 3***、***STAGE 4***、の 4 つのセクションから成り、易しい表現から難しい表現へと無理なく日本語の力が伸ばせるように構成されている。

　STAGE 1 は言語運用ができるように代入練習、ロールプレー、***STAGE 2*** は CD による聴解練習で、Q&A、機能表現の書き取り、そして応用運用力をつけるためのロールプレーを取り入れた。また、***STAGE 3*** は ***STAGE 1***、***STAGE 2*** で学んだことが総合的に練習できるような複雑なロールプレーを取り入れた。***STAGE 4*** はビジネスシミュレーションとして現場で実際に使われている表現に注意させるアクティビティーを入れた。

　さらに、本書は実際のビジネスで使えることに重点を置いており、社内で使われる表現と、社外で使われる表現を区別して構成した。これは日本語の機能表現は場面によって使い分けをしなければならず、特に社内と社外では、表現方法が変わってくることが多く、またスピーチレベルも変わってくるからである。

　なお、CD に収録されている部分は **CD** で表示した。

2．内容及び使い方

STAGE 1　（基本的な機能表現が使いこなせるようになることが到達目標）

会　話　基本的な機能表現を含んだ短い会話である。CD を聞かせることにより耳から導入し、その後でポイントとなる表現を板書するなりして機能説明を行うとよい。未習の語彙があれば、合わせて導入する。機能表現および語彙の説明が終わったら、スムーズに言えるようになるまでリピート練習をさせる。ここで導入される表現は各課の基本となるものなので、この会話はできるだけ暗記させたほうがいいだろう。

練習 1　会話で学習した機能表現を場面を変えて練習する代入練習である。この練習は表現の定着をはかるだけでなく、それぞれの表現が使用される場面の紹介も兼ねている。初めは教師が A、B どちらかを担当し、その後で学習者同士でやらせるとよい。（短い会話なので、プライベートレッスンの場合は 1 人 2 役でやらせてもよいだろう）このような代入練習の場合、どうしてもテキストを棒読みしがちであるが、これでは会話にならないので、話す時はテキストから目を離して、相手を見るように指導する。

練習2　会話で学習した機能表現を、場面を設定したロールプレーを通して練習する。非常に単純なロールプレーであるが、状況から判断して使用する機能表現を選択していく **STAGE 1～STAGE 3** のロールプレー、そして **STAGE 4** のアクティビティーへとつながる第一歩となっている。ロールプレーのやり方に慣れていない学習者もいるので、初めは教師が手本を示したほうがいい。その際、練習2のロールプレーでは、必ず会話で学習した機能表現を用いるように指導しておくこと。初めに使用する機能表現を板書しておき、消してもきちんと言えるまで練習させるとよい。これを徹底しないと、いつまでたっても学習事項に関係なく勝手に会話を作る学習者が出てくるので注意が必要である。状況説明の文章を音読させる必要はないが、未習語などがある場合にはロールプレーを始める前に導入しておく。なお状況説明の前にある①②……は発話の順番を示している。練習1同様、初めは教師がA、Bどちらかを担当し、その後で学習者同士でやらせるとよい。

ロールプレー　【社内】【社外】それぞれの終わりに会話で学習した機能表現を用いて練習できるように状況設定されたロールプレーがある。ここで用いる機能表現は順不同で並べられており、会話の番号とは必ずしも一致しない。それぞれのロールプレーがどの会話に相当するかは状況説明の文章から学習者に判断させる。どれに相当するか、ロールプレーを行う前に実際に質問してみるとよい。練習2同様、必ず会話で学習した機能表現を用いるということを確認しておく。また、ここに取り上げた場面以外にもそれぞれの学習者が遭遇しそうな場面があれば、教師が口頭で状況設定し、練習させるとよい。

STAGE 2（複雑な機能表現が場面に応じて使いこなせるようになることが到達目標）
　　ここでは機能表現が、場面に応じて使いこなせるようにするために、表現の導入から運用までを四段階（1～4）の練習に分けて定着させるようにした。
　　STAGE 1 で取り上げなかった機能表現（複雑な表現及び語彙）を少し長い会話、またはねじれのある場面に取り入れた。
　　1．CDを聞かせることにより内容把握及び状況把握をさせる。ここでは談話レベルで内容を把握させることを目的とするため、細かい語彙や文法説明は避ける。正しく内容や状況が理解できていれば次の練習に進む。
　　2．CDを再度聞かせて内容、状況、機能表現、語彙等の確認をする。ここでは、機能表現の詳しい説明、語彙の使い方等を板書するなりして説明することで

学習者の理解を助ける。

3. 1、2で学習した会話の機能表現を書かせて、会話を完成させることによって、機能表現が定着するようにする。下線部の初めに機能表現の説明が明記されているので、これをヒントにして、会話に合うような表現を書かせる。この表現は次で行うロールプレーで使うべき表現となっており、ロールプレーの準備段階となっているので正確に書かせる。ただし、これは暗記の練習ではないので、会話の状況に合った表現を書いていれば、CD の通りでなくてもよい。

4. 3で書いた機能表現を CD の表現と比較することで、的確な表現を確認させる。

5. ロールプレー

1〜4で学習した機能表現が実際に運用できるように、ここではコントロールされたロールプレーを取り入れた。相手の情報もわかり、指示内容がかなり細かいため、ロールプレーの定義とずれる点もあるが、ここでは会話で学習した表現を運用させることに重点を置いた。この練習によって **STAGE 3** のロールプレーが無理なく達成できるように設定した。ここでも、学習事項に関係なく勝手に会話を作る学習者や、機能表現を使うことを意識しすぎて、混乱してしまう学習者が出てくるので注意する。どうしても機能表現がタイミングよく出てこない場合は、あらかじめ板書しておくとよい。

STAGE 3（実際に即したロールプレーでタスクがこなせるようになることが到達目標）

STAGE 1、**STAGE 2** で学んだ表現の使い方を総合的に練習し、実際のビジネス場面で使えるようにするために、ロールプレーによる運用練習を行う。ロールカードには役割や達成しなければならないタスク及びそのために必要な情報等が記されているが、学習者の創造力で情報を補う場合もある。学習者の自由な発想で発展させられる部分が多くなっているので、学習者のレベルに応じた発展が可能である。また学習者同士のロールプレーという形の練習だけでなく、教師が一方のロールを担当してみてもよい。その場合は学習者の自由な会話の発展はないが、教師のコントロールによって、学習した機能表現の使い方の実地訓練がより的確に行えることになる。

STAGE 3 のロールプレーでは、ロールカードをコピーしてそれぞれの学習者に与える。各学習者に与えられる情報は各自のロールプレーカードに書かれている情報及び共通して与えられているグラフ等の情報であって、それらの情報を使って与えられたタスクを達成しなければならない。またお互いに、相手のロールカードに

ある情報は知らせないでロールプレーを行わせると、インフォメーションギャップが生じ、実際の言語活動に近づく。その際、教師は学習者が選んだ日本語の表現がその場面に適切なレベルか、また適当な機能表現を使用しているかどうかをチェックし、ロールプレー後のフィードバックに役立てるといい。こうしたロールプレーを授業で行う場合に「やらせっぱなし」になると、学習者の言語能力の向上にはならないので、必ずフィードバックの時間をとるようにすることが大切である。

STAGE 4 （ビジネスシミュレーション）

　　各課で学んだ機能表現がどのように使われているかを、現実のビジネス場面で観察させたり使用させたりして、教室でその結果を発表させる。

　　原則として各課の終わった後宿題にしておき、次の授業の冒頭で発表させる。

３．語彙の選択

　　脚注にとりあげた語彙は原則として中級後期レベルのものとビジネス表現を取り上げ、読み方及び英訳を付けた。

４．ルビについて

　　非漢字圏学習者に広く使われている漢字教材である「BASIC KANJI-BOOK VOL. 1, 2」（凡人社）で取り上げられているもの以外は、すべてにふりがなをつけて、学習者の漢字の負担を軽減してある。

５．授業の一例

　　各課に入る前に　　各課の機能表現を使うときのワンポイントアドバイスや日本でのビジネスマナーなどを説明する。

STAGE 1	1)**会　話**	・CD で導入
		・状況、場面の把握
		・機能表現の説明
		・リピート練習
	2)**練習 1**	・代入練習
	3)**練習 2**	・AとBの役割確認
		・使用する機能表現の確認
		・ロールプレー
	4)**ロールプレー（STAGE 1【社内】【社外】のまとめ）**	
		・AとBの役割確認

・使用する機能表現の確認

・ロールプレー

STAGE 2　🄲🄳 CD で導入

1)　場面把握、内容把握問題

2)　CD を再度聞かせる

　　内容、状況、機能表現、語彙等の説明

3)　会話完成問題

　　（機能表現の説明をもとに表現を書かせる）

4)　表現比較

　　（3 で書いた表現と CD の表現との比較）

ロールプレー

・機能表現の確認

・場面把握

・新出語彙の導入

・ロールプレーの実施

・フィードバック

　（ロールプレーを行っている際に目立った間違いを教師がメモしておき、注意する）

STAGE 3　1)　場面把握

2)　共通の情報（グラフ等）の確認

3)　学習者のレベルによっては、新出語の導入を行う。

　　（脚注にあるものを中心とする）

4)　ロールプレーの実施

　　（クラスのレベルによっては、教師が一方のロールを担当して、学習者に見本をやってみせてからロールプレーをやらせたほうが、学習の意図に沿いやすい場合もある）

5)　フィードバック（方法例）

①ロールプレーを録音しておき、聞き返しながら、表現の使い方、日本語のレベル等を確認する。教師が間違いを指摘する前に、学習者に考えさせることが大切である。また間違いの把握と共に、よりよい表現を確認しておく。

②ロールプレーを行っている際に目立った間違いを教師がメモしておき、後で注意する。

③ロールプレーを録音しておき、後で教師が CD の文字おこしをして、学習者に見せ、間違い探しをさせ、直させる。

STAGE 4　（ビジネスシミュレーション）

1)　各課の終了後に宿題として与える。

2)　次の課に入る前に、復習として教室で発表させる。学習者に必要なビジネスシミュレーションを各教師が工夫し、やらせてみるといい。

6．テキストガイド

本書には別冊として「テキストガイド」が用意されている。

「テキストガイド」はその課のポイントと説明、機能表現とその説明、聴解練習の解答、ロールプレーの会話例などが網羅されている。

目　次

第1課　　説明

説明する時は、まずポイントを絞り、次にそれを順序よく整理し、そして全体をまとめることが大切です。また、セールスなどの際に、他社の商品との違いや、より優れている点を強調して、自社商品を売り込むという手段がしばしば用いられます。ただ、この時に他社の商品の欠点を強調しないように気をつけなければなりません。相手に与える印象を悪くしてしまうだけだからです。それよりも、図表などを上手に使って商品のセールスポイントをわかりやすく説明したほうが効果的でしょう。

STAGE 1

【社内】

1. 聞き返して説明を求める

CD 01　会話

> A：　このレジメ、<u>多めに</u>コピーしておいて。
>
> B：　<u>多めに</u>、って言いますと。
>
> A：　そうだねえ。15部ぐらいかな。

練習1　1）　もう少し

　　　　2）　少し余分に

　　　　3）　必要なだけ

練習2　A（上司）：①会場には早めに行くように言ってください。

　　　　　　　　　③早めというのは、30分ぐらい前のことだと説明してください。

　　　　B（部下）：②（何分前か知りたいので）聞き返して説明を求めてください。

（A is senior to B.）

A：① Tell B to go to a place a little early.

　③ Tell B that by 'a little early' you mean about 30 minutes beforehand.

B：② As you want to know how many minutes early, ask A what he means.

聞き返す　ききかえす　repeat a question　　求める　もとめる　request　　レジメ　résumé　　部　ぶ　copy
余分に　よぶんに　extra　　上司　じょうし　one's superior　　会場　かいじょう　place　　部下　ぶか　subordinate

1

2. ポイントを説明する

CD 02 **会話**

> A：　①この商品の販売メリットは、どんな点にあるんですか。
>
> B：　②新しい顧客をつかむことができるという点にあります。
>
> A：　ああ、そうですか。

練習1　1)　①共同仕入れのメリット　　②輸送費が削減できる

　　　　　2)　①現地生産の主な目的　　②人件費をカットする

　　　　　3)　①売上げが伸びなかった主な原因　②十分な宣伝ができなかった

練習2　A（同僚）：①新しい販売システムのメリットについて聞いてください。

　　　　　B（同僚）：②新しい販売システムのメリットは宣伝費がかからないことだ

　　　　　　　　　　と説明してください。

（A and B are colleagues.）

A：① Ask B about the advantages of a new sales system.

B：② Tell A that one of the advantages of the new sales system is that it can cut down on advertising expenses to a great extent.

3. 比較して説明する

CD 03 **会話**

> A：　今月の①売上げはどうなっていますか。
>
> B：　先月に比べて②15％減となっています。
>
> A：　ああ、そうですか。

練習1　1)　①受注件数　②15％増となっ(て)

　　　　　2)　①販売台数　②100台近く上回っ(て)

　　　　　3)　①経常利益　②20％以上伸び(て)

商品 しょうひん product　　販売 はんばい selling　　メリット advantage　　顧客 こきゃく customer
つかむ get　　共同仕入れ きょうどうしいれ joint purchase　　輸送費 ゆそうひ transportation costs
削減する さくげんする cut　　現地生産 げんちせいさん local production　　人件費 じんけんひ personnel
expenditure　　カットする cut　　売上げ うりあげ sales　　伸びる のびる increase　　宣伝 せんでん
advertising　　同僚 どうりょう colleague　　比較する ひかくする compare　　減 げん decrease　　受注件数
じゅちゅうけんすう number of orders received　　増 ぞう increase　　台数 だいすう number of machines
近く ちかく nearly　　上回る うわまわる be above　　経常利益 けいじょうりえき operating income

練習2　A（同僚）：①今月の新商品の問い合わせ件数について聞いてください。

B（同僚）：②今月は先月に比べて1割程度多いと説明してください。

（A and B are colleagues.）

A：① Ask B about this month's number of inquiries for a new product.

B：② Explain to A that the number of inquiries this month is about 10% higher than last month.

ロールプレー

1.　A（上司）：①大きめの封筒を20枚用意しておくように言ってください。

③大きめというのは、B4の書類が入るくらいの大きさのことだと説明してください。

B（部下）：②（具体的な大きさが知りたいので）聞き返して説明を求めてください。

（A is senior to B.）

A：① Ask B to prepare 20 slightly large envelopes.

③ Tell B that by 'slightly large' you mean the size into which B4 paper can fit.

B：② Ask A to explain the specific size of the envelopes.

2.　A（同僚）：①今回のアンケート調査の主な目的について聞いてください。

B（同僚）：②今回のアンケート調査の主な目的は、若い女性が携帯電話にどんな機能を求めるかを調べることだと説明してください。

（A and B are colleagues.）

A：① Ask B the main purpose of a recent questionnaire.

B：② Tell A the main purpose of the questionnaire was to survey what functions young women want on a mobile phone.

3.　A（同僚）：①今回のセミナーの出席者数について聞いてください。

B（同僚）：②今回は前回に比べて20人ぐらい多くなっていると説明してください。

（A and B are colleagues.）

A：① Ask B how many people attended a recent seminar.

B：② Explain to B that there were about 20 people more than the last time.

問い合わせ　といあわせ　inquiry　　割り　わり　ten percent　　程度　ていど　about　　B4（paper size）　　具体的な
ぐたいてきな　specific　　アンケート　questionnaire　　調査　ちょうさ　survey　　携帯電話　けいたいでんわ
mobile phone　　機能　きのう　function　　セミナー　seminar

【社外】

1. 聞き返して説明を求める

CD 04 会話

> A：　①まとめてご注文いただければ、さらに5%お安くいたしますが……
>
> B：　①まとめて、とおっしゃいますと。
>
> A：　そうですねえ。②100ケース以上ということになりますね。

練習1　1)　①大量に　　　　②2,000個以上

　　　　2)　①早めに　　　　②今月中

　　　　3)　①定期的に　　　②1カ月に1回以上

練習2　A（X社社員）：①長期契約してもらえれば、さらに5%安くすると言ってく
　　　　　　　　　　　　ださい。
　　　　　　　　　　　　③長期契約というのは期間が5年以上のことだと説明して
　　　　　　　　　　　　ください。

　　　　B（Y社社員）：②（具体的な期間が知りたいので）聞き返して説明を求めて
　　　　　　　　　　　　ください。

(A is from X company and B is from Y company.)

A：① Tell B that if his company makes a long-term contract, it will be given a further
　　 5% discount.
　　③ Tell B that by 'long-term contract' you mean more than five years.

B：② As you want to know the specific terms, ask B to explain what he means.

2. ポイントを説明する

CD 05 会話

> A：　こちらの特長はどのような点にあるのでしょうか。
>
> B：　そうですね。何と言っても、操作が簡単で覚えやすいという点に
> 　　ございます。
>
> A：　ああ、そうですか。

練習1　1)　軽くて持ち運びに便利だ

　　　　2)　電気代が従来の半分ですむ

　　　　3)　8種類ものカラーバリエーションがある

まとめて in bulk　　注文する ちゅうもんする order　　さらに further　　大量に たいりょうに in a large quantity
定期的に ていきてきに periodically　　長期 ちょうき long-term　　契約する けいやくする make a contract
特長 とくちょう strong point　　操作 そうさ operation　　従来の じゅうらいの old　　カラーバリエーション
colours

練習2　A（X社社員）：①新しい携帯電話の特長を聞いてください。

　　　　B（Y社社員）：②新製品の特長は外国でも使えることだと説明してください。

（A is from X company and B is from Y company.）
A：① Ask B about the strong points of his company's new mobile phone.
B：② Explain to A that the product can be used overseas as well.

3. 比較して説明する

CD 06　会話

> A：　①コストはどうなんでしょうか。
>
> B：　こちらの商品は、従来のものに比べますと、②10%から20%お安く
> なっております。
>
> A：　ああ、そうですか。

練習1　1)　①品質　　　　②かなり質の良い素材を用い（て）
　　　　2)　①販売台数　　②5,000台近く上回っ（て）
　　　　3)　①耐久性　　　②5、6年長く使えるようにでき（て）

練習2　A（X社社員）：①新製品の売行きについて聞いてください。

　　　　B（Y社社員）：②新製品の売行きは、従来のものに比べると50%増となっ
　　　　　　　　　　　ていると説明してください。

（A is from X company and B is from Y company.）
A：① Ask B how well his company's new product is selling.
B：② Tell A that the new product's sales are 50% higher than the old one's.

ロールプレー

1.　A（X社社員）：①不良品は電話で連絡をくれれば、すぐに取り替えると言ってください。
　　　　　　　　　③すぐにというのは、その日のうちにということだと説明してください。

　　　B（Y社社員）：②（どのくらいかかるのか、具体的に知りたいので）聞き返して説明
　　　　　　　　　　を求めてください。

（A is from X company and B is from Y company.）
A：① Tell B that any bad products will be replaced as soon as a complaint is received by phone.
　　③ Tell B that by 'as soon as' you mean within the day.
B：② As you specifically want to know how soon, ask A to explain what he means.

コスト cost　　品質 ひんしつ quality　　素材 そざい material　　耐久性 たいきゅうせい durability　　売行き
うれゆき how well a product is selling　　不良品 ふりょうひん bad product

2.　　A（X 社社員）：①新しいカップの特長を聞いてください。

　　　B（Y 社社員）：②新しいカップの特長は、飲み物を 1 時間程度温かい状態に保つこと

　　　　　　　　　　　ができると説明してください。

（A is from X company and B is from Y company.）
A：① Ask B about the strong points of his company's new cup.
B：② Explain to A that the cup can keep drinks at the same temperature for one hour.

3.　　A（X 社社員）：①新しいポータブル CD プレーヤーの再生時間について聞いてください。

　　　B（Y 社社員）：②新しいプレーヤーの再生時間は従来のものに比べると約 10 時間長

　　　　　　　　　　　くなっていると説明してください。

（A is from X company and B is from Y company.）
A：① Ask B how long his company's portable CD player can keep playing.
B：② Explain to A that it can play ten hours longer than the old model.

STAGE 2 ╺╺

【社内】

🔘 CD 07　調査結果報告

　　A　（会議の司会者）
　　B　（出席者　市村）

1.　CD を聞いて、質問に答えてください。

　　1）　市村さんは何について報告しましたか。

　　2）　また、報告内容をいくつに分け、どのような順番で説明しましたか。

　　3）　市村さんの報告の後で、司会者はどんな質問をしましたか。

2.　もう一度 CD を聞いてください。

3.　スクリプトを完成してください。

　　A：　じゃあ、市村さん、先月行われたパソコンに関するお客様アンケートの結果を

　　　　　報告してください。

　　B：　はい。それではこのグラフをご覧ください。これは、今回行われたアンケート

　　　　　の結果を、昨年までの調査結果と合わせてまとめたものです。（順番に説明する）

　　　　　_____、男女の割合ですが、男性 65％、女性 35％で、ここ数年、女性の割

　　　　　合が（変化を説明する）_____。（順番に説明する）_____、年齢別

　　　　　に見ますと(2)のグラフからおわかりのように、中高年の購入者数には、このと

　　　　　ころ、（変化を説明する）_____。これに対して、20 代前半の購入者が

保つ たもつ keep　　再生時間 さいせいじかん playing time　　報告 ほうこく report　　司会者 しかいしゃ chairperson　　パソコン personal computer　　グラフ graph　　まとめる compile　　割合 わりあい ratio　　中高年 ちゅうこうねん middle and advanced age（people）　　購入者 こうにゅうしゃ buyer

（変化を説明する）＿＿＿＿＿＿＿＿＿＿＿＿＿＿。これは必要に迫られて購入した人たちで

すね。

A：　（聞き返して説明を求める）＿＿＿＿＿＿＿＿＿＿＿＿＿＿。

B：　卒論作成のためや就職して仕事のためにパソコンが必要となる年齢ですから。

A：　ああ、そういうことですか。わかりました。

B：　（順番に説明する）＿＿＿＿＿＿＿＿、購入者の職業ですが、大学生の割合が毎年（変化を

説明する）＿＿＿＿＿＿＿＿＿＿＿＿。これに対して、会社員の割合は、ここ数年、

（変化を説明する）＿＿＿＿＿＿＿＿＿＿＿＿＿。わたしのほうからは以上です。

A：　わかりました。で、先月のパソコンの売上げはどうなっていますか。

B：　先月の売上げですね。えー、先月の売上げは 3,000 万円で、先々月（比較して説明

する）＿＿＿＿＿＿2％増、また、昨年の同月（比較して説明する）＿＿＿＿＿＿10％増

＿＿＿＿＿＿＿＿＿。このところ順調に伸びています。

A：　そのようですね。パソコンの売上げが伸びている主な理由は、どんな点にある

と見ていますか。

B：　そうですね。やはり、若い人の購入が増えてきた（ポイントを説明する）＿＿＿＿＿

＿＿＿＿＿＿と思います。

A：　わかりました。それでは、このアンケート結果について何か質問のある方はど

うぞ。

パソコンに関するお客様アンケートの結果

(1)購入者の男女比　　　　　　(2)年齢別購入者数　　　　　　(3)購入者の職業

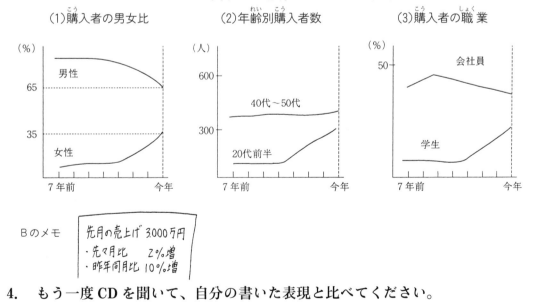

4.　もう一度 CD を聞いて、自分の書いた表現と比べてください。

迫る　せまる　urge　　卒論　そつろん　graduation thesis　　作成　さくせい　writing up　　就職する　しゅうしょくする
get a job　　順調に　じゅんちょうに　favourably　　昨年同月比　さくねんどうげつひ　compared with the same month
last year

5.　ロールプレー

A（会議の司会者） （Chairperson）	B（会議の出席者） （Participant）
①先月行われたディスカウントチケットに関するお客様アンケートの結果を報告するように言ってください。 Tell B to report the results of a customer questionnaire on discount tickets. ③先月の売上げについて報告を求めてください。 Ask B to report last month's sales figures. ⑤ディスカウントチケットの売上げが伸びている主な理由について聞いてください。 Ask B the main reason for the increase in sales of discount tickets.	②下のグラフはディスカウントチケットに関するお客様アンケートの結果です。今回の結果を昨年までの調査結果と合わせて説明してください。 The graphs below show the results of the customer questionnaire. Use these to explain the results of the questionnaire. ④資料を見て質問に答えてください。 Look at the data and answer A's questions. ⑥主な理由は中年サラリーマンの購入が増えてきたことにあると言ってください。 Tell A that the main reason is an increase in purchases by middle-aged office workers.

ディスカウントチケットに関するお客様アンケートの結果

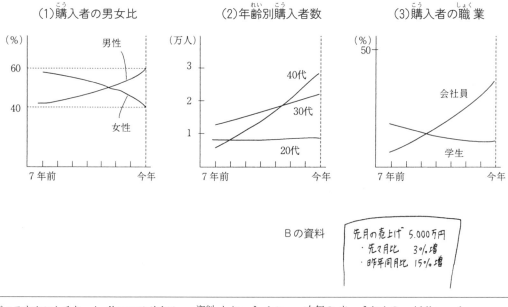

(1)購入者の男女比　　(2)年齢別購入者数　　(3)購入者の職業

Bの資料　先月の売上げ 5,000万円
・先々月比　3%増
・昨年同月比　15%増

ディスカウントチケット discount ticket　　資料 しりょう data　　中年の ちゅうねんの middle-aged
サラリーマン office worker

【社外】

CD 商品説明
08

A（X 社社員）

B（Y 社社員）

1.　CD を聞いて、質問に答えてください。

　　1）　2 人は何について話していますか。

　　2）　新商品の特長はどんな点にありますか。

　　3）　新商品は従来のものとどんな点が同じですか。また、違いますか。

2.　もう一度 CD を聞いてください。

3.　スクリプトを完成してください。

　　A：　それでは早速ですが、先日お電話でお話ししました私どもの新しいコーヒー
　　　　　メーカーのサンプルをお持ちしましたので、ご覧いただけますか。

　　B：　ええ、拝見させていただきます。

　　A：　こちらでございます。

　　B：　かなり大きいんですね。

　　A：　ええ、こちらの特長は、(ポイントを強調する)＿＿＿＿＿＿＿＿＿＿、一度に 12 杯分の
　　　　　コーヒーが入れられる (ポイントを説明する)＿＿＿＿＿＿＿＿＿＿。それに、普通
　　　　　のコーヒー以外にも、いろいろお使いいただけるようになっております。

　　B：　(聞き返して説明を求める)＿＿＿＿＿＿＿＿＿＿。

　　A：　例えば、カプチーノやエスプレッソなども入れられます。

　　B：　はあ、それはいいですね。それで、価格はどうなんでしょうか。

　　A：　価格は、現在お使いいただいているもの (同じ点を説明する)＿＿＿＿＿＿＿＿＿＿。
　　　　　ただ、今回お持ちしたものは、従来のもの (違う点を説明する)＿＿＿＿＿＿＿＿、海外で
　　　　　生産されております。

　　B：　そうですか。あのう、実際にこれでコーヒーを入れてみたいんですが……

　　A：　ああ、そうですね。そういたしましょう。

4.　もう一度 CD を聞いて、自分の書いた表現と比べてください。

早速ですが　さっそくですが　getting down to business　　サンプル sample　　強調する　きょうちょうする
emphasize　　カプチーノ cappuccino　　エスプレッソ espresso　　価格 かかく price

5.　ロールプレー

A（X社社員） (From X company)	B（Y社社員） (From Y company)
①（新しいノートワープロの説明のために、Y社を訪ねました。）新製品の特長は、機械が必ず正しい漢字を表示するので、漢字変換の必要がないことだと説明してください。 You have visited Y company to introduce your company's new notebook word processor. The new product's strong point is a kanji conversion system which gives the correct kanji immediately. Introduce the product.	 ②説明を聞いた後で、新製品の価格について質問してください。 After listening to A, ask him the price of the word processor.
③質問に答えてください。価格は8万円で、従来のものと同じです。 In reply to B's question, tell him the price is ¥80,000, the same as the old model.	④新製品の機能について質問してください。 Ask about the functions of the new product.
⑤質問に答えてください。新製品はインターネットに接続できます。従来のものはできませんでした。 Tell B that it can be linked up with the Internet. The old one couldn't do this.	

ノートワープロ notebook word processor　　変換 へんかん conversion　　インターネット Internet　　接続する せつぞくする link

STAGE 3

1. スポーツ用品に関するお客様アンケート

A：上司

部下Bに先月行われたスポーツ用品に関するお客様アンケートの結果について聞いてください。Bの説明を聞いて、色々質問してください。

A：Superior

Ask B about the results of last month's questionnaire concerning sports goods. Listen to B's explanation and ask questions.

B：部下

上司Aに下のグラフを見せて、スポーツ用品に関するお客様アンケートの結果について説明してください。また、Aに質問されたら、自分で考えて答えてください。

B：Subordinate

Show A the graphs and explain the results of the questionnaire on sports goods. When asked, give A appropriate answers.

スポーツ用品に関するお客様アンケートの結果

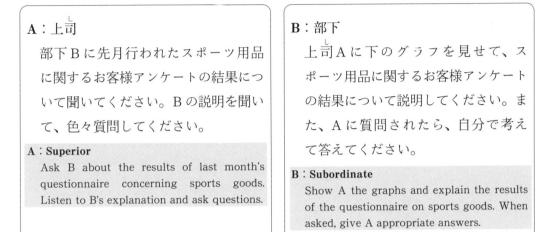

(1)購入者の男女比　　(2)年齢別購入者数　　(3)購入者の1カ月の平均運動時間

Bの資料

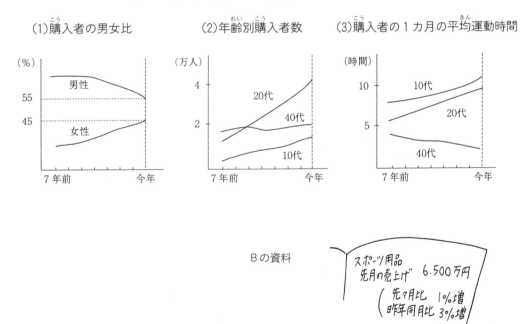

スポーツ用品
先月の売上げ　6,500万円

（先々月比　1%増
　昨年同月比　3%増）

2. 人件費に関する調査結果報告

A：会議の司会者

Bに人件費に関する調査結果の報告を求めてください。報告を聞いて、Bに色々質問してください。

A：Chairperson

Ask B about the results of a survey into personnel expenditure. Listen to what he says and then ask various questions.

B：会議の出席者

Aに人件費に関する調査結果の報告を求められたら、下のグラフを見せて説明してください。また、Aに質問されたら、自分で考えて答えてください。

B：Member of the meeting

When A asks you to report the results of the survey into personnel expenditure, show A the graph and explain the results. When asked, give A appropriate answers.

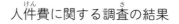

人件費に関する調査の結果

(1)人件費の変化

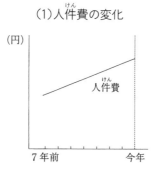

(2)人件費の内訳の変化

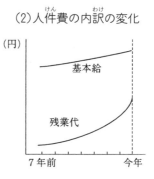

3. 新しい翻訳機の商品説明

A：X社社員

新しい翻訳機の説明のため、取引先を訪ねました。担当のBにあいさつし、下のパンフレットを見せながら商品説明をしてください。

A：From X company

You have visited B of Y company to introduce your company's new translation machine. Greet B and while you show him a brochure, introduce your product.

B：Y社社員

新しい翻訳機の説明のため、取引先のAが訪ねてきました。Aの説明を聞いて、色々質問してください。

B：From Y company

A from X company has visited your company to introduce his company's new translation machine. Listen to A's explanation and then ask questions.

『ほん楽や』（音声入力式小型電子翻訳機）

価格　　¥19,800

特長　　(1)音声入力で訳が表示される。（文字入力も可能）
　　　　(2)おりたたみ式で小型。
　　　　(3)30分の充電で、24時間連続使用可能。

Aのメモ

従来の文字入力式
¥25.000～¥40.000

『ほん楽や』
・サイズ　B6サイズ
・重さ　250g

翻訳機　ほんやくき　translation machine　　取引先　とりひきさき　customer　　パンフレット　brochure
入力　にゅうりょく　input　　おりたたみ　folding　　充電　じゅうでん　charge（of electricity）

4. 新しいヘッドホンステレオの商品説明

> **A：X社社員**
>
> 新しいヘッドホンステレオの説明のため、取引先を訪ねました。担当のBにあいさつし、サンプルとパンフレットを見せながら、商品説明をしてください。
>
> **A：From X company**
> You have visited B of Y company to introduce your company's new headphone stereo. Greet B and while you show him a brochure, introduce the product.

> **B：Y社社員**
>
> 新しいヘッドホンステレオの説明のため、Aが訪ねてきました。Aの説明を聞いて、色々質問してください。
>
> **B：From Y company**
> A from X company has visited to introduce his company's new headphone stereo. Listen to A's explanation and then ask various questions.

> **従来のヘッドホンステレオ**
>
> 価格　　　￥22,000
> 重さ　　　200グラム
> 再生時間　連続96時間
> 特長　　　長時間連続再生可能

> **ウォーターヘッドホンステレオ**
>
> 価格　　　￥54,800
> 重さ　　　40グラム
> 再生時間　連続96時間
> 特長　　　水中使用可能

STAGE 4 ━━━━━━━━━━━━━━━━ ビジネスシミュレーション

【社内】

アンケートの結果などをまとめたグラフを持って来てください。それについてクラスの人に説明してみましょう。そして、下に書いてください。

【社外】

あなたの会社の新商品のパンフレットを持って来てください。顧客に売り込むために商品説明を考えて、実際に説明してみましょう。そして、下に書いてください。

ヘッドホンステレオ　headphone stereo　　　売り込む　うりこむ　sell（a product）

新入社員のマナー

　会社の組織、日常の業務など、新入社員には覚えることが山ほどあり、大変であるが、新入社員のマナーとして、最低、以下のことは覚えておこう。

1. 出社は早めに、あいさつはさわやかに

　早めに出社するように心がける。朝のあいさつは、大きな声で明るく「おはようございます」。日常のあいさつは、社会人の最低マナーである。

2. 執務中は他人の仕事のじゃまにならないように十分気を使うこと

　仕事中の人に話しかける時には「お忙しいところ、申し訳ありませんが……」で始めるのがマナーである。何か教えてもらったり、手伝ってもらった時には、最後に「ありがとうございました」の一言を忘れないように。また、席を離れる時には周りの人に言っておくこと。外出する場合は上司に許可を得なければならない。

3. 休憩中でもお客様第一に

　来客があったら、休憩中でも速やかに応対する。また、休憩時間が終わったら、すぐに仕事にもどること。休憩と仕事のけじめは、はっきりつけなければいけない。

4. 退社する時は必ず上司に声をかけること

　退社時間になってもその日の仕事が終わらない場合は、上司に報告し、指示を受ける。自分の判断で仕事を途中でやめたり、残って続けたりしてはいけない。

第2課　意見

　　意見を述べる時には、まず問題となっている事柄に対して自分の意見が肯定的であるのか、否定的であるのか、考える必要があります。肯定的である時には断定的な表現を使って積極的に意見を述べましょう。それに対して、否定的である時には、相手の気持ちを考えて、できるだけ婉曲的な表現を使うことが大切です。面と向かって「その考え方はちょっとおかしいと思います」というようなことを言われたら、だれだっていい気持ちはしないものです。では、どのように言ったらいいでしょうか。

STAGE 1

【社内】

1. 肯定的な意見を述べる

CD 09 会話

> A：　この①パンフレットの原稿、どうですか。
> B：　ああ、これなら②かなりの宣伝効果があると思いますよ。
> 　　　③デザインも印象的だし、④商品の特長もわかりやすいし……

練習1　1)　①ポスターの原稿　　　　　　　②若者に受ける
　　　　　　③コピーもおもしろい　　　　　④イラストもユニークだ

　　　　2)　①価格設定　　　　　　　　　　②ちょうどいい
　　　　　　③高校生にも手が届く　　　　　④主婦にも買える価格だ

　　　　3)　①スケジュール　　　　　　　　②問題ない
　　　　　　③市場調査の時間も取ってある　④調査結果を検討する時間も十分ある

練習2　A（同僚）：①新商品のネーミングについて意見を求めてください。
　　　　B（同僚）：②すぐ覚えてもらえると意見を述べてください。

　　　　　　　　　（理由）(1)おもしろい

　　　　　　　　　　　　　(2)商品の特長がよくわかる

肯定的 こうていてき positive　　原稿 げんこう copy　　宣伝効果 せんでんこうか advertising effect　　印象的 いんしょうてき impressive　　受ける うける become popular　　コピー copy　　イラスト illustration　　ユニーク unique　　設定 せってい fixing　　手が届く てがとどく be within reach　　検討する けんとうする examine　　ネーミング name

16

（A and B are colleagues.）
A：① Ask B's opinion of the name of a new product.
B：② Tell A that the name is easy to remember.
　　（Reasons：⑴ It is interesting. ⑵ The name itself describes the product's strong points well.）

2. 否定的な意見を述べる

CD 10 会話

> A：　この①パンフレットの原稿、どうですか。
>
> B：　そうですねえ。ちょっとこれでは②インパクトに欠けるんじゃないでしょうか。

練習1　1)　①ポスターのデザイン　　②若者には受けない

　　　　2)　①価格設定　　　　　　　②高すぎる

　　　　3)　①スケジュール　　　　　②時間が足りない

練習2　A（同僚）：①新商品のネーミングについて意見を求めてください。

　　　　B（同僚）：②長すぎて覚えにくいと意見を述べてください。

（A and B are colleagues.）
A：① Ask B's opinion of the name of a new product.
B：② Tell A that the name is too long to remember.

ロールプレー

1. A（同僚）：①プロジェクトの予算案について意見を求めてください。

　 B（同僚）：②広告費が少なすぎると意見を述べてください。

（A and B are colleagues.）
A：① Ask B's opinion of the proposed budget for a project.
B：② Tell A that the allocation for advertising is too low.

2. A（同僚）：①40%という値引率について意見を求めてください。

　 B（同僚）：②かなりの利益が期待できると意見を述べてください。

　　　　　　（理由）⑴在庫が減る

　　　　　　　　　　⑵お客様が喜ぶ

A：① Ask B's opinion of a proposed discount of 40%.
B：② Tell A that large profits can be expected.
　　（Reasons：⑴ Stock will be reduced. ⑵ Customers will be happy.）

インパクト impact　　欠ける かける lack　　プロジェクト project　　予算案 よさんあん proposed budget　　広告費
こうこくひ advertising costs　　値引率 ねびきりつ discount rate　　利益 りえき profit　　在庫 ざいこ stock

【社外】

1. 肯定的な意見を述べる

CD 11　会話

A：　私どもの①契約期間についてはいかがでしょうか。

B：　ええ、②適当だと思います。

練習1　1)　①提示価格　　　②妥当な線だ

　　　　2)　①お支払条件　　②問題ない

　　　　3)　①提案　　　　　②結構なお話だ

練習2　A（X社社員）：①X社が提案した新規契約について意見を求めてください。

　　　　B（Y社社員）：②積極的に検討したいと意見を述べてください。

（A is from X company and B is from Y company.）

A：① Ask B's opinion of the new contract that X company has proposed.

B：② Tell A that you want to give it further consideration.

2. 否定的な意見を述べる

CD 12　会話

A：　私どもの①契約期間についてはいかがでしょうか。

B：　そうですねえ。②ちょっと長すぎるように思われるんですが……

練習1　1)　①提示価格　　　②ちょっと難しい

　　　　2)　①お支払条件　　②少々厳しすぎる

　　　　3)　①提案　　　　　②もう少し検討の余地がある

練習2　A（X社社員）：①X社が提案した新規契約について意見を求めてください。

　　　　B（Y社社員）：②上司の了解を得るのが難しいと意見を述べてください。

（A is from X company and B is from Y company.）

A：① Ask B's opinion of the new contract that X company has proposed.

B：② Tell A that your superior's consent will be difficult to obtain.

提示価格　ていじかかく　proposed price　　妥当な線　だとうなせん　reasonable　　お支払条件　おしはらいじょうけん
terms of payment　　提案　ていあん　proposal　　新規　しんき　new　　積極的に　せっきょくてきに　further
余地　よち　room　　了解　りょうかい　consent

ロールプレー

1.　A（X 社社員）：①X 社が提案した値引率について意見を求めてください。

　　B（Y 社社員）：②値引率が少ないと意見を述べてください。

　　（A is from X company and B is from Y company.）
　　A：① Ask B's opinion of the discount that X company has proposed.
　　B：② Tell A that the discount is too low.

2.　A（X 社社員）：①X 社が提案した価格について意見を求めてください。

　　B（Y 社社員）：②妥当だと意見を述べてください。

　　（A is from X company and B is from Y company.）
　　A：① Ask B's opinion of the price that X company has proposed.
　　B：② Tell A that the price is reasonable.

STAGE 2 ═══════════════════════════════════

【社内】

CD 13　社内会議

　　A（会議の司会者）

　　B（出席者　渡辺）

　　C（出席者　伊藤）

1.　CD を聞いて、質問に答えてください。

　　1）　何について話し合っていますか。

　　2）　渡辺さんはどんな意見を述べましたか。

　　3）　伊藤さんはどんな意見を述べましたか。

2.　もう一度 CD を聞いてください。

3.　スクリプトを完成してください。

　　A：　では次に、商品の値引率について、どなたかご意見がありますか。

　　B：　(発言許可を求める)＿＿＿＿＿＿＿＿＿＿＿＿＿。

　　A：　はい、渡辺さん、どうぞ。

　　B：　この商品はできるだけ安く売る (強く主張する)＿＿＿＿＿＿＿＿＿＿＿＿。(理由を述べ

　　　　る)＿＿＿＿＿＿＿＿＿、この時期、どこの会社も同じようなことを考えている

　　　　と思うんです。とにかく今は少しでも安くした者の勝ちだと思うんですが……

　　A：　なるほど。具体的には何割ぐらいとお考えですか。

　　B：　そうですね。できれば 4 割、少なくとも 3 割は値引きする (強く主張する)＿＿＿＿

　　　　＿＿＿＿＿＿＿＿＿＿＿。

発言　はつげん　speech　　許可　きょか　permission　　主張する　しゅちょうする　state strongly

A：　わかりました。今、渡辺さんから3割から4割という案が出ましたがこの数字
　　　についてはどうでしょうか。伊藤さん、どうですか。

C：　そうですねえ。4割引ではあまり利益が見込めない<u>（否定的な意見を述べる）</u>
　　　<u>　　　　　　　　　　　　　　　</u>。

A：　では、どの程度が適当だと思いますか。

C：　そうですね。3割引ぐらいまでに<u>（控えめに主張する）　　　　　　　　</u>。

A：　わかりました。ほかに何かご意見のある方はどうぞ。

4.　もう一度 CD を聞いて、自分の書いた表現と比べてください。

5.　ロールプレー

A（会議の司会者） （Chairperson）	B（会議の出席者） （Participant）	C（会議の出席者） （Participant）
①新商品のモニターの募集人数について、出席者に意見を求めてください。 Ask those present how many test users they think should be recruited for the new product. ③具体的には何人ぐらいと考えているか、聞いてください。 Ask B how many test users he thinks will be needed.	②発言許可を求め、モニターはできるだけ多く集めるべきだと強く主張してください。 （理由）いろいろな年齢や職業の人の意見を聞かなければ、正確なデータは得られない。 Ask for permission to speak and state strongly that as many test users as possible should be recruited. (Reason : Accurate data cannot be collected without listening to people of various ages and occupations.)	

数字 すうじ figure　　見込む みこむ expect　　控えめに ひかえめに gently　　モニター　test user
募集 ぼしゅう recruitment

	④400人から500人だと強く主張してください。 Say strongly to A that 400 to 500 test users will be needed.	
⑤Bの案について、Cに意見を求めてください。 Ask C's opinion of B's proposal.		⑥500人は多すぎると言ってください。 Tell A that 500 test users are too many.
⑦何人ぐらいが適当だと考えているか、聞いてください。 Ask C how many test users he thinks will be needed.		⑧400人ぐらいまでだと控えめに主張してください。 Say politely but firmly to A that the number of test users can not be more than 400.

【社外】

CD 14　契約交渉

A（X社社員）

B（Y社社員）

1.　CDを聞いて、質問に答えてください。

　1）　2人は価格についてどのような意見を持っていますか。

　2）　2人は契約期間についてどのような意見を持っていますか。

　3）　契約期間についてはどうなりましたか。

2.　もう一度CDを聞いてください。

3.　スクリプトを完成してください。

　A：　では、契約内容の詳細についてご意見をうかがいたいのですが……

　B：　ええ。

　A：　まず、私どもの提示させていただいた価格についてはいかがでしょうか。

　B：　ええ、まあ妥当な線だ（肯定的な意見を述べる）＿＿＿＿＿＿＿＿＿＿＿＿＿＿＿＿。これで結構です。

　A：　それはありがとうございます。で、契約の期間なんですが。

　B：　ええ。

　A：　契約期間は3年（具体的に条件を提示して意見を求める）＿＿＿＿＿＿＿＿＿＿＿＿＿＿＿＿

　＿＿＿＿＿＿＿＿＿＿＿。

詳細　しょうさい　details

B：　そうですねえ。ちょっと長い <u>（否定的な意見を述べる）</u>

　　　　_____ ……

A：　そうですか。私どもとしましては、一応、3年以上を原則としておりまして……

B：　ああ、そうですか。

A：　3年未満ということになりますと、価格などの面で多少変わってきてしまいますが……

B：　なるほど。では、この点に関しましては、<u>（即答を避ける）</u>

　　　　_____。

A：　そうですか。

B：　ええ。<u>（即答を避けた理由を述べる）</u>　　　　、　　　　　　　　。

A：　わかりました。

4.　もう一度 CD を聞いて、自分の書いた表現と比べてください。

5.　ロールプレー

A（X 社社員） (From X company)	B（Y 社社員） (From Y company)
A と B は新薬 EXⅡの共同開発について話し合っています。 They are talking about their joint development of a new medicine, EXII.	
①開発費は折半するという案について意見を求めてください。 Ask B's opinion of the proposal that development costs should be shared fifty-fifty.	②問題ないと言ってください。 Tell A that there's no problem.
③共同開発は3カ月以内に開始するという案について、意見を求めてください。 Ask B's opinion of the proposal that the joint project should start within three months.	④難しいと言ってください。 （理由）準備に時間がかかりそうだ。 Tell A that it will be difficult. (Reason：It will take time to prepare.)
⑤新薬は2年以内に完成させたいので、できるだけ早く開始したいと言ってください。 Tell B that you want to start the project as soon as possible because you want to complete the new medicine within two years.	⑥もう少し検討させてもらいたいと言ってください。 （理由）自分一人では決められない。 Tell A to let you think more. (Reason：You can't decide by yourself.)

原則 げんそく general rule　未満 みまん less than　即答 そくとう an offhand answer　避ける さける avoid　新薬 しんやく new drug　共同開発 きょうどうかいはつ joint development　折半する せっぱんする share fifty-fifty

STAGE　3

1. コピー機リースのセールス

<table>
<tr>
<td>

A：X 社社員

　Y 社にコピー機リースのセールスに来ました。担当のBにパンフレットを見せて、商品説明をしてください。

A：From X company

You have visited Y company to try and lease out a copier. Show B a brochure and explain about the machine.

</td>
<td>

B：Y 社社員

　コピー機を4台リースしたいと思っています。Aの説明を聞いて、意見を述べてください。Z 社のパンフレットも参考にしてください。

B：From Y company

You want to lease four copiers. Listen to A and express your opinion while referring to the brochure of Z company.

</td>
</tr>
</table>

Aのメモ

```
コピー機リース
＊値引き　3台以上　1台 ¥48.000
　　　　　　6台以上　1台 ¥46.000
＊契約期間中のリース料. 使用料の
　値上げなし
```

X 社

《リース料》	1カ月（1台）　50,000 円
《使用料》	1回につき4円
《修理費》	無料
《契約期間》	5年間

Z 社

《リース料》	1カ月（1台）　48,000 円
	※　3台以上まとめてリースする場合は1台、46,000 円
《使用料》	1回につき8円
《修理費》	無料
《契約期間》	3年間

リース leasing　　修理 しゅうり repair

2. 経費削減の方法

A：会議の司会者

経費削減の方法について話し合っています。出席者に意見を求めてください。

A：Chairperson

Ask the meeting about how to reduce costs.

B：会議の出席者

経費削減の方法について話し合っています。下のグラフを参考にして意見を述べてください。

B：Participant of the meeting

Referring to the graph below, state the ways of reducing costs.

残業代の人件費に占める割合

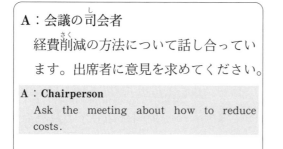

Bのメモ

3. コーヒーメーカーの卸値交渉

A：X社（メーカー）社員

電器店店長のBとX社の新型コーヒーメーカーの卸値について話し合っています。X社が提案した1台、8,000円という価格について意見を求めてください。

A：From X company

You are talking with B, manager of an electrical appliance shop, about the wholesale price of the new coffee maker X company has developed. Ask B's opinion of the price (¥8,000 per unit) suggested by X company.

B：電器店店長

X社のAとX社の新型コーヒーメーカーの卸値について話し合っています。この商品は、1台6,000円にしてもらいたいと思っています。その理由は自分で考えてください。

B：Shop manager of an electrical appliance shop

You are talking with A from X company about the wholesale price of the new coffee maker X company has developed. Tell A that you want the price to be less than ¥6,000. Think up your own reasons for this.

経費削減 けいひさくげん reduction of expenses　残業 ざんぎょう overtime　ノー残業デー ノーざんぎょうデー no-overtime day　導入 どうにゅう introduction　卸値 おろしね wholesale price　電器店 でんきてん electrical appliance shop　店長 てんちょう shop manager

4. スポーツ用品の販売計画

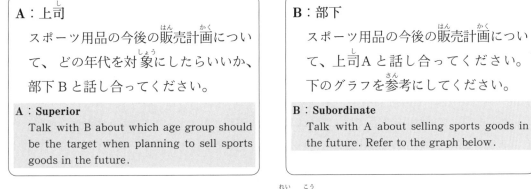

A：上司

スポーツ用品の今後の販売計画について、どの年代を対象にしたらいいか、部下Bと話し合ってください。

A：Superior
Talk with B about which age group should be the target when planning to sell sports goods in the future.

B：部下

スポーツ用品の今後の販売計画について、上司Aと話し合ってください。下のグラフを参考にしてください。

B：Subordinate
Talk with A about selling sports goods in the future. Refer to the graph below.

スポーツ用品年齢別購入者数

（スポーツ用品に関するお客様アンケートの結果より）

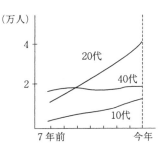

STAGE 4 ━━━━━━━━━━━━━━━━━ ビジネスシミュレーション

【社内】

次のトピックの中から1つ選んで、それについてあなたの意見とその理由を述べてください。

1. マルチメディアの積極的利用
2. 制服着用
3. フレックスタイム制の導入
4. 今、あなたの職場で話題になっていること

【社外】

社外の人が意見を述べるとき、どんな表現を使っているか、気をつけて聞いてください。そして、下に書いてください。

年代 ねんだい age（group）　　対象 たいしょう target　　制服 せいふく uniform　　着用 ちゃくよう wear
フレックスタイム flexitime　　職場 しょくば one's place of work

電話応対のマナー

　相手が見えない電話では、直接会って話す時以上に相手に対する配慮が必要である。また、ビジネスにおける電話では、常にスピードと正確さが求められている。電話応対に関するマナーはこの2点が基本になっていると言っていいだろう。

1. 相手を待たせないようにする気配りが大切

　まず、電話を受ける時であるが、ベルが鳴ったらすぐに出るのがマナーだ。何か用事があってすぐに出られなかった場合には、必ず「お待たせいたしました」の一言を加える。受けた電話が他の人へのものだったら「少々お待ちください」と言って、スムーズに取り次がなければならない。

2. 名前、社名は正確に

　スムーズにと言っても、速ければいいというわけではない。相手の名前、社名を正確に伝えなければ、結果的に仕事はスムーズに運ばなくなってしまう。電話の相手の言葉がよく聞き取れない時には、ていねいに聞き直すことである。特に名前や社名などはしっかり確認する必要がある。

3. 電話をかける前の準備が大切

　また、電話をかける時には、話す内容を簡条書きにしたりしてきちんと整理しておくべきである。メモ用紙、筆記用具、必要な資料なども忘れずに手元に用意しておく。

4. 相手も仕事中であることを忘れてはいけない

　話が長くなりそうな場合には、初めに「今、お話ししてもよろしいでしょうか」あるいは「少々、お時間よろしいでしょうか」などと言って相手の了解を取るのがマナーである。そして、話を始める前に「〜の件なのですが」と用件を簡潔に告げること。そうすれば相手も心構えができて、会話がスムーズに運ぶだろう。

5. 最後の確認とお礼の言葉を忘れずに

　用件を一通り話し終ったら、大切な点についてはもう一度確認するようにしたい。切る時には「お忙しいところ、ありがとうございました」などとお礼のあいさつを忘れずに。

第3課　賛成

相手の意見、提案に賛成する時には、まず、その意見に賛成する理由も言ったほうがいいでしょう。そうすれば、よりいっそう相手から信頼を得ることができるからです。次に、相手の意見に対してすぐに反応できない時、または判断に困る時は賛成表現を使わないほうがいいでしょう。無責任に賛成することは、あとでトラブルの原因になります。また、相手の意見に対して適当なタイミングで相づちを打つことも大切です。日本人とのコミュニケーションで相づちが大きな役割をもっていることも心得ておきましょう。

STAGE 1

【社内】

1. 強く賛成する

CD 15 会話

> A：①広告費については再度検討するべきだと思うんですが……
> B：②確かにそうですね。

練習1
1) ①投資効果を第一に考える　　②わたしもそう思います
2) ①この計画は再度検討する　　②その通りだと思います
3) ①中国市場進出については慎重に対応する　　②本当にそうですね

練習2　A（同僚）：①アルファ社との契約更新は中止するべきだと言ってください。
　　　　　B（同僚）：②強く賛成してください。

（A and B are colleagues.）
A：① Tell B that the contract with Alpha should not be renewed.
B：② Agree strongly with A.

再度 さいど again　　投資効果 とうしこうか effect of investment　　中国市場 ちゅうごくしじょう
Chinese market　　進出 しんしゅつ inroads　　慎重に しんちょうに carefully　　対応する たいおうする
deal with　　契約更新 けいやくこうしん renewing a contract

2. 条件つきで賛成する

CD 16 会話

> A：　この計画で進めてもいいと思いますか。
>
> B：　基本的にはこれでいいと思います。ただ、人数についてはもっと考えたほうがいいんじゃないでしょうか。

練習1　1）　場所については再度検討したほうがいい

　　　　2）　もう少し予算を減らしたほうがいい

　　　　3）　スケジュールには無理がある

練習2　A（同僚）：①プロジェクト201の最終企画案はこれでいいかBに意見を求めてください。

　　　　B（同僚）：②基本的には賛成しますが、開始時期を少し早めにしたほうがいいと言ってください。

（A and B are colleagues.）
A：① Ask B if the last plan proposed for Project 201 is OK.
B：② Basically say yes, but tell A that the Project should start a little sooner.

3. しかたなく賛成する

CD 17 会話

> A：　結局このような価格になってしまったんですが……
>
> B：　まあ、いいだろう。

練習1　1）　やむを得ないなあ

　　　　2）　しょうがないなあ

　　　　3）　こんなところか

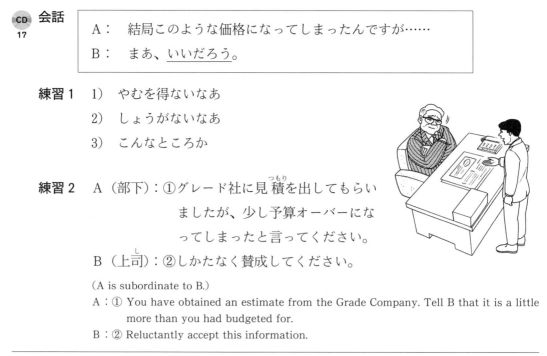

練習2　A（部下）：①グレード社に見積を出してもらいましたが、少し予算オーバーになってしまったと言ってください。

　　　　B（上司）：②しかたなく賛成してください。

（A is subordinate to B.）
A：① You have obtained an estimate from the Grade Company. Tell B that it is a little more than you had budgeted for.
B：② Reluctantly accept this information.

条件つき じょうけんつき on condition　　基本的に きほんてきに basically　　無理がある むりがある be impossible
最終企画案 さいしゅうきかくあん last plan to be proposed　　やむを得ない やむをえない can't be helped
しょうがない can't be helped　　こんなところ just about　　予算オーバー よさんオーバー over budget

ロールプレー

1.　A（同僚）：①社員旅行のスケジュールはこれでいいか B に意見を求めてください。

　　B（同僚）：②基本的には賛成しますが、集合時間 7 時は早いと言ってください。

　　（A and B are colleagues.）
　　A：① Ask B if the schedule for the company trip is OK.
　　B：② Agree basically to the schedule, but tell him that the gathering time（seven o'clock）is a little early.

2.　A（同僚）：①日本語で仕事ができるように外国人社員に日本語研修を受けさせるべきだと言ってください。

　　B（同僚）：②強く賛成してください。

　　（A and B are colleagues.）
　　A：① Tell B that foreign employees should be given training in the Japanese language so that they can do business in Japanese.
　　B：② Agree strongly with A.

3.　A（部下）：①ジェット社に納期を 1 週間延ばしてほしいと言われたと言ってください。

　　B（課長）：②しかたなく賛成してください。

　　（A is subordinate to B.）
　　A：① Tell B that you were asked by the Jet Company to postpone delivery for one week.
　　B：② Reluctantly accept this.

【社外】

1.　強く同意する

CD 18　会話

> A：　①消費者のニーズをもっと早くつかまなければならないと思うんですが……
>
> B：　②おっしゃる通りでございます。

練習 1　1)　①ある程度経費をかけるべきだ　　　　　②ごもっとも

　　　　2)　①商品の共同仕入れが必要だ　　　　　　②おっしゃる通り

　　　　3)　①まず中国市場のニーズ分析をしたほうがいい　②私どもも同じ考え

練習 2　A（X 社社員）：①共同開発した冷凍食品のキャンペーンはスーパー以外の場所でもするべきだと言ってください。

　　　　B（Y 社社員）：②同意してください。

集合時間 しゅうごうじかん gathering time　　納期 のうき delivery date　　消費者 しょうひしゃ consumer
ある程度 あるていど some extent　　経費 けいひ expense　　ごもっとも you are right　　ニーズ分析 ニーズぶんせき needs analysis　　私ども わたくしども we（formal）　　冷凍食品 れいとうしょくひん frozen food

(A is from X company and B is from Y company.)

A：① Tell B that the campaign for your jointly developed frozen food should be held at places other than supermarkets.

B：② Agree to A's proposal.

2. 条件つきで同意する

CD 19 会話

> A： 弊社としては、共同事業をこれで進めたいと思っているんですが……
>
> B： 私どもも基本的には同じ考えです。ただ、このスケジュールでは難しいように思われるんですが……

練習1　1）開発時期は再度確認したほうがいい
　　　　2）宣伝方法は見直したほうがいい
　　　　3）系列店のフランチャイズ化は厳しい

練習2　A（X社社員）：①共同プロジェクト19をこのまま進めたいと思っていると言ってください。
　　　　B（Y社社員）：②基本的には同意しますが、販売ルートについては見直したほうがいいと言ってください。

(A is from X company and B is from Y company.)

A：① Tell B that you want to go on with joint Project 19 as planned.

B：② Agree basically with A, but say that the sales route should be reconsidered.

3. しかたなく同意する

CD 20 会話

> A： いくら検討してもこの金額から下げるのは難しいんですが……
>
> B： そうですか。では、しかたないですね。

練習1　1）では、やむを得ませんね
　　　　2）では、しかたがありませんね
　　　　3）それでしたら、かまいません

弊社 へいしゃ our company（humble）　　共同事業 きょうどうじぎょう joint business　　宣伝方法 せんでんほう
ほう how to advertise　　系列店 けいれつてん chain store　　販売ルート はんばいルート sales route　　見直す
みなおす look at again

練習 2　A（X 社社員）：①商品の値引きを B から依頼されます。しかしこの金額から値引きすることはできないと言ってください。

　　　　　　B（Y 社社員）：②しかたなく同意してください。

（A is from X company and B is from Y company.）
A：① B has requested a discount on your goods. Tell him that price reductions cannot be made.
B：② Reluctantly accept what A says.

ロールプレー

1.　A（X 社社員）：①共同開発した冷凍食品を高齢者のニーズに合わせたものに改良しようと言ってください。

　　B（Y 社社員）：②基本的には同意しますが、高齢者の好みについてはもう少し研究が必要だと言ってください。

（A is from X company and B is from Y company.）
A：① Tell B that your jointly developed frozen food should be improved in order to meet old people's needs.
B：② Agree basically with A, but tell him that a little more research on old people's tastes should be done.

2.　A（X 社社員）：①今週中に商品を納入するのは難しいと言ってください。

　　B（Y 社社員）：②しかたなく同意してください。

（A is from X company and B is from Y company.）
A：① Tell B that it will be difficult to deliver the goods this week.
B：② Reluctantly accept this.

3.　A（X 社社員）：①通信販売で新しい販売ルートを開発したほうが効果的だと言ってください。

　　B（Y 社社員）：②A の提案に強く賛成してください。

（A is from X company and B is from Y company.）
A：① Tell B that developing a mail-order service would be an effective way of expanding sales.
B：② Agree strongly with what A says.

高齢者 こうれいしゃ old person　　改良する かいりょうする improve　　好み このみ taste　　納入する
のうにゅうする deliver　　通信販売 つうしんはんばい mail order　　効果的 こうかてき effective

STAGE 2 ==

【社内】

CD 企画会議
21

A（会議の司会者）

B（加藤主任）

C（ニコル）

D（部長）

1. CDを聞いて、質問に答えてください。

1)ニコルさんは加藤さんの意見に賛成ですか、反対ですか。

2)部長の意見はどうですか。

2. もう一度CDを聞いてください。

3. スクリプトを完成してください。

A：加藤主任、坂本さんの企画案についてはこれでよろしいでしょうか。

B：そうですねえ。（賛成する）＿＿＿＿＿＿＿＿＿＿＿＿＿＿＿＿＿。（問題点を指摘する）
＿＿＿＿＿＿、販売見通しについては少し疑問がある（否定的な意見を述べる）＿＿＿＿＿
＿＿＿＿＿＿＿＿。

A：ニコルさん、営業サイドから見ていかがですか。

C：わたしも加藤主任の意見（会議に賛成する）＿＿＿＿＿＿＿＿＿＿＿＿。やはり販売見通
しをもう一度検討したほうが（意見を述べる）＿＿＿＿＿＿＿＿＿＿。マーケットリ
サーチをもっと細かくやったほうがいいでしょう。新製品なら何でも売れるとい
う時代ではなくなりましたから……

A：そうですね。部長、いろいろと意見がでましたが……

D：そうだねえ。販売見通しについては、改めて検討してもらうということにして
……まあ、わたしとしては、坂本君の案は（上司が部下に賛成を示す）＿＿＿＿＿＿＿＿
＿＿＿＿＿＿＿＿＿＿。最終的な決定は役員会にかけるので時間がかかるかもし
れないけど……

4. もう一度CDを聞いて、自分の書いた表現と比べてください。

疑問　ぎもん　doubt　　改めて　あらためて　again　　最終的な　さいしゅうてきな　final　　役員会　やくいんかい
directors' meeting

5.　ロールプレー

A：会議の司会者 (Chairperson)	B：企画部部員 (Member of the planning department)	C：企画部部員 (Member of the planning department)	D：課長 (Manager)
①大山さんの電気自動車を実用化するという提案についてBとCに意見を求めてください。 Ask B and C's opinion of Mr. Ohyama's proposal on putting the company's electric car to practical use. ④大山さんの提案についていろいろな意見がでました。最後に課長に意見を求めてください。 There are various opinions about Mr. Ohyama's proposal. Ask D his opinion at the end of the meeting.	②基本的には賛成しますが維持費については問題があると言ってください。 Agree basically to Mr. Ohyama's proposal, but say there is a problem with maintenance costs.	③Bの意見に賛成してください。維持費についてはもう一度検討したほうがいいと言ってください。 （理由）維持費が高いと普及しにくいという問題がある Agree with B and say that maintenance costs should be examined once again. (Reason : There will be difficulty in popularizing cars if maintenance costs are high.)	⑤大山さんの提案については支持していきたいと言ってください。しかし、役員会にかける必要があるので時間がかかると言ってください。 Say that you will support Mr. Ohyama's proposal, but that it will take some time because the proposal will have to be discussed at the directors' meeting.

電気自動車 でんきじどうしゃ electric car　実用化する じつようかする put to practical use　維持費 いじひ maintenance costs　普及する ふきゅうする popularize

【社外】

CD
22
キャンペーンの打ち合わせ

　A（広告会社社員）

　B（Y社社員）

1.　CDを聞いて、質問に答えてください。

　　　キャンペーンの場所はどうなりましたか。

2.　もう一度CDを聞いてください。

3.　スクリプトを完成してください。

　　A：　新製品キャンペーンの企画案(き)につきましては今月中にお持ちするということで
　　　　……

　　B：　ええ、私どもといたしましても、(感謝して同意する)　　　　　　　　　　　　　　　　。

　　A：　それで、キャンペーンの場所の件(けん)なんですが……

　　B：　その件(けん)につきましては、できるだけ多くの場所でやりたいと思っています。

　　A：　具体的に何カ所ぐらいとお考えですか。

　　B：　そうですねえ。それがまだはっきり決まっていないので(即答を避ける)

　　　　　　　　　　　　　　　　　　　　、決まり次第ご連絡いたします。

　　A：　そうですか。まあ、できるだけ早く場所をおさえなければなりませんからね。

　　B：　(強く賛成する)　　　　　　　　　　　　　　　　　　　。こういうことは、タイミング
　　　　が大切ですから。

　　A：　では、場所に関しましては、後ほどご連絡いただくということで……

　　B：　そうですね。

4.　もう一度CDを聞いて、自分の書いた表現と比べてください。

感謝する　かんしゃする　thank　　　即答いたしかねる　そくとういたしかねる　cannot answer offhand（humble）
次第　しだい　as soon as　　　後ほど　のちほど　later

5.　ロールプレー

A（X 社社員） （From X company）	B（Y 社社員） （From Y company）
①次回の打ち合わせは X 社が Y 社に行くと申し出てください。 Offer to visit Y company for the next meeting.	
	②A の申し出に感謝して同意してください。 Agree to A's offer with thanks.
③日にちについて、聞いてください。 Ask B about the date.	④できるだけ早く行いたいと言ってください。 Tell A that you want to have the meeting as soon as possible.
⑤来週の月曜日でいいかどうか聞いてください。 Ask B if Monday of next week is all right.	⑥スケジュールの調整をしなければならないので即答できないと言ってください。 Tell A that you cannot answer offhand because you have to adjust your schedule, but tell him that you will let him know as soon as possible.

調整する　ちょうせいする　adjust

STAGE 3

1. 旅行プランの企画案作成

A：同僚（旅行会社社員）

旅行の企画について話し合っています。グラフ1、2について説明してください。そして熟年者をターゲットにした旅行を企画するべきだと言ってください。Bの意見を聞いたあとで、グラフ3を見ながら場所を提案してください。理由は自分で考えてください。

A：Colleague at a travel agency
You and B are talking about a travel plan. Explain graphs 1 and 2 to him. Tell him that a travel plan for people of mature age should be made. After you've listened to him, use graph 3 to offer a destination. Think up reasons for yourself.

B：同僚（旅行会社社員）

旅行の企画について話し合っています。Aに賛成してください。理由はグラフ1、2を見て自分で考えてください。

B：Colleague at a travel agency
You and A are talking about a travel plan. Agree with his idea and use the graphs to think up your reasons.

グラフ1　熟年者人口の変化

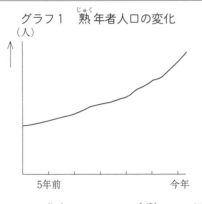

（人）

5年前　　　　今年

グラフ2　熟年者の余暇の過ごしかた
1,000人対象（複数回答あり）

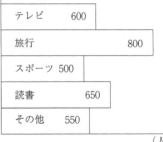

テレビ	600
旅行	800
スポーツ	500
読書	650
その他	550

（人）

グラフ3　熟年者が旅行を希望する地域

その他　国内　アメリカ　香港　ヨーロッパ

熟年者 じゅくねんしゃ person of mature age　　余暇 よか free time　　過ごしかた すごしかた way of spending
複数回答 ふくすうかいとう multiple answers

2. 商品扱いの検討

A：部下	B：上司
グラフを見てエクセル社の商品の扱いを今後どうしたらいいか意見を述べてください。	エクセル社の商品の扱いを今後どのようにしたらいいか話し合っています。Aに賛成してください。パソコンを扱うメリットについて例をあげて説明してください。
A：Subordinate Looking at the graph, express your opinion of how to deal with Excel's goods in the future.	**B：Superior** You and A are talking about how to deal with Excel's goods in the future. Agree with A's opinion. Then explain to him the advantages of using personal computers, giving an example.

グラフ1　エクセル社の販売台数

グラフ2　アンケート調査による購入希望者数

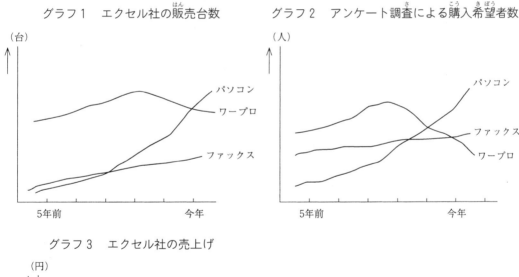

グラフ3　エクセル社の売上げ

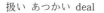

扱い　あつかい　deal

3. ケーブルTVの番組編成

A：X社社員

　X社、Y社はケーブルTVの会社を合弁で設立することになりました。アンケート調査の結果について説明してください。そして番組に取り入れたほうがいいものを1つBに言ってください。理由は自分で考えてください。

A : From X company

X company and Y company have decided to establish a joint cable TV company. Explain to B the results of a questionnaire. Tell B one program which should be introduced. Think up the reasons for yourself.

B：Y社社員

　X社、Y社はケーブルTVの会社を合弁で設立することになりました。Aの意見に対して、条件つきで賛成してください。理由は自分で考えてください。

B : From Y company

X company and Y company have decided to establish a joint cable TV company. Agree to A's program suggestion but include some conditions. Think up the conditions for yourself.

Aの情報　グラフ1
『見たい番組』アンケート調査
1,000人対象（複数回答あり）

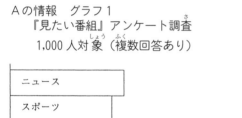

ニュース	
スポーツ	
映画	
TVショッピング	
音楽	

900　（人）

Bの情報　グラフ2
ＴＶ番組における映画の視聴率

（％）

7年前　　　　　　　今年

番組編成　ばんぐみへんせい　program　　　合弁　ごうべん　joint venture　　　設立する　せつりつする　establish
視聴率　しちょうりつ　viewing rate

4. 新型携帯電話の商談

A：X 社社員	B：Y 社総務課社員
新型携帯電話 PS30 の売り込みに来ました。表を見せながら、B に説明をしてください。そして意見を求めてください。	新型携帯電話の売り込みに A が訪ねてきました。A の説明を聞いて質問をしてください。（購入の決定権は課長にあります。）
A：From X company Visit B to sell your company's new mobile phone (PS30). Using the chart, introduce the phone and ask for B's opinion.	**B：Member of the general affairs section of Y company** A has visited you to sell his company's new mobile phone. Listen to him and ask questions. (Only the manager has the right to decide on purchases.)

会社　機種名	機　　　　能			連続通話時間	加入料 （円）	価格 （円）
	電池節約モード	世界通話可能	ポケベル接続			
西芝　　JC8	×	×	○	約 6 時間	3,200	12,000
東洋　　CP	×	○	×	約 5 時間	2,500	10,000
AT&V　07	×	×	○	約 6 時間	1,000	6,000
X 社　　PS30	○	○	○	約10時間	2,500	8,000

STAGE 4 ▬▬▬▬▬▬▬▬▬▬▬▬▬▬ ビジネスシミュレーション

【社内】

　日本のビジネスの方法や、マナーについて社内の人と話し合ってください。そして、あなたが賛成したことを書いてください。また、あなたの意見に賛成した人は、何と言って賛成したか書いてください。

【社外】

　あなたは電話、会議、商談のなかでどのような賛成表現を聞きましたか。書いてください。

購入 こうにゅう purchase　　決定権 けっていけん right to decide　　機種名 きしゅめい name of type of machine　　電池節約モード でんちせつやくモード electricity saving mode　　世界通話可能 せかいつうわかのう ability to make international calls　　ポケベル接続 ポケベルせつぞく connects with pager　　連続通話 れんぞくつうわ length of call　　加入料 かにゅうりょう membership fee

ビジネスマナーの基本

　ビジネスマンにとって、知っておかなければならないマナーは多い。けれども、基本的には一般常識を守ることが大切なのであって、ビジネスマンにだけ通用するマナーがあるわけではない。マナーを守る目的は相手に不快感を与えないこと、そして相手に信頼感を持ってもらうことである。これはどこの国でも、そしてだれでも同じだろう。といっても、国が違うと常識も違う。日本のビジネス社会で当然守らなければならない基本的なことは次の3つである。

1.　きちんとあいさつができる

　　単に「おはよう」とか「失礼します」というようなあいさつができるというだけではなくて、色々な人にその場面にあった声がかけられるということである。たとえば、人の前にあるものを手を伸ばして取るときに「前を失礼します。」と言えば、だまって取るよりずっと気分がいい。

2.　清潔で品がある服装をする

　　服装からどんな人か判断されることが多いので、清潔で人にいやな感じを与えない服装をするように十分気をつけたほうがいい。

3.　正しい言葉づかいができる

　　ビジネス社会では、言葉づかい、特に敬語がきちんと使える人は、教養があり、常識もある人間として認められる。

第4課　反対

相手の意見に反対する場合に、特に気をつけなければならないことはまず、相手のプライドを傷つけるような、直接的な反対をしないことです。相手は自分のすべてを否定されたように思いかねないからです。次に、相手を言い負かすことに熱中しないことです。反対するのは商談を成立させるためであるということを忘れないようにしましょう。そして反対する場合は、できるだけその理由や、代案を言うようにします。そうすれば、商談が進みやすくなるからです。「いかに上手に反対ができるか」これは、ビジネスを成功させる一つの鍵となるでしょう。

STAGE 1

【社内】

1. 反対して理由を述べる

CD 23　会話

> A：　輸入商品については、もっと積極的に扱っていくべきだと思いますが……
>
> B：　そうは思えませんね。納品に時間がかかりますから……

練習1　1）　アフターサービスに問題がありそうです

　　　　2）　規格が合わないことがあります

　　　　3）　為替が不安定です

練習2　A（同僚）：①アルファ社の見積はこれで進めるべきだとBに言ってください。

　　　　B（同僚）：②反対してください。

　　　　　　　　　（理由）管理費が高すぎる。

（A and B are colleagues.）
A：① Tell B that the company should proceed with the estimate from Alpha.
B：② Disagree with A.
　　　（Reason： Administration costs are too high.）

規格 きかく standards　　為替 かわせ monetary exchange　　不安定 ふあんてい unstable
管理費 かんりひ administration costs

41

2. 相手の意見を認めてから反対する

CD 24 会話

> A：　中国市場進出計画をもっと積極的に進めていくべきだと思いますが……
>
> B：　①それはそうなんですが、その前に②市場調査をしたほうがいいんじゃないでしょうか。

練習1　1)　①それはそう　　　②ニーズ分析

2)　①その通り　　　②現地視察

3)　①それはもっとも　②他社の調査

練習2　A（同僚）：①新型生ごみ処理機の開発にもっと予算を取る必要があると言ってください。

B（同僚）：②Aの意見を認めますが、その前に商品の競争力がどれだけあるか詳しく調べたほうがいいと言ってください。

(A and B are colleagues.)

A：① Tell B that the budget for developing a new garbage disposal unit should be increased.

B：② Accept A's opinion but say the company should survey in detail how much the unit can compete before increasing the budget.

ロールプレー

1.　A（同僚）：①1週間に1回ノー残業デーを作るべきだとBに言ってください。

B（同僚）：②反対してください。

（理由）2年前にやってみたが、守る人があまりいなかった。

(A and B are colleagues.)

A：① Tell B that the company should set up a weekly no-overtime day.

B：② Disagree with A.

（Reason：Few employees observed the day two years ago.）

2.　A（同僚）：①自社も長期休暇制度を導入するべきだと言ってください。

B（同僚）：②Aの意見を認めますが、2週間くらいにしたほうが取りやすいと言ってください。

(A and B are colleagues.)

A：① Tell B that the company should introduce a long vacation system.

B：② Accept A's opinion and tell him that about two weeks would be easy to take.

視察する　しさつする　inspect　　生ごみ処理機　なまごみしょりき　garbage disposal unit　　競争力　きょうそうりょく
competitive strength　　当社　とうしゃ　our company　　長期休暇制度　ちょうききゅうかせいど　long vacation system

【社外】

1. 反対して理由を述べる

CD 25 会話

> A： もう少し積極的な宣伝活動をしなければならないと思いますが……
>
> B： いやあ、①はっきり申し上げて難しいお話ですねえ。②予算の関係もありますので……

練習1

1) ①ちょっと難しいかもしれませんね　②当社も経費削減をしております

2) ①それについてはちょっと……　②効果があまり期待できません

3) ①その件につきましては……　②費用がかかりすぎます

練習2　A（X社社員）：①新製品の広告を新聞に載せて宣伝しなければならないと言ってください。

B（Y社社員）：②反対してください。

（理由）予算が取れそうにない。

(A is from X company and B is from Y company.)

A：① Tell B that you must advertise your new product in newspapers.

B：② Disagree with A.

（Reason：No budget allocation for such advertising can be expected.)

2. 相手の意見を認めてから反対する

CD 26 会話

> A： 中国での合弁会社設立計画につきましては、できるだけ早いほうがいいと思いますが……
>
> B： まあ、①おっしゃることはよくわかるんですが、もう少し②検討したほうがいいように思われますが……

練習1

1) ①おっしゃる通りな（んです）　②様子をみ（たほうがいい）

2) ①その通りだとは思う（んです）　②時間をかけ（たほうがいい）

3) ①ごもっともなお話な（んです）　②慎重に考え（たほうがいい）

練習2　A（X社社員）：①広告費を増やして販売強化をしたほうがいいと言ってください。

B（Y社社員）：②Aの意見を認めますが、投資効果がどれだけあるか考えたほうがいいと言ってください。

宣伝活動 せんでんかつどう advertising campaign　効果 こうか good effect　販売強化 はんばいきょうか strengthening sales

　　　（A is from X company and B is from Y company.）
　　　A：① Tell B that you should strengthen sales by increasing spending on advertising.
　　　B：② Accept A's opinion but say that you should think about how much can be expected
　　　　　as a return on the investment.

ロールプレー

1.　A（X社社員）：①共同開発している生ごみ処理機の開発計画を予定より3カ月早く
　　　　　　　　　　　完成させたいと言ってください。

　　B（Y社社員）：②反対してください。

　　　　　　　　　　（理由）スケジュール的に難しい。

（A is from X company and B is from Y company）
A：① Tell B that you want to complete the jointly developed garbage disposal unit three months
　　　earlier than planned.
B：② Disagree with A.
　　　（Reason：Schedule is too tight.）

2.　A（X社社員）：①積極的にファーストフード・チェーンの共同開発をしたほうがい
　　　　　　　　　　　いと言ってください。

　　B（Y社社員）：②Aの意見を認めますが、品質維持が難しいと言ってください。

（A is from X company and B is from Y company.）
A：① Tell B that you should make every effort to develop a joint fast-food chain.
B：② Accept A's opinion but tell him that maintaining quality would be difficult.

STAGE 2 ▰▰▰▰▰▰▰▰▰▰▰▰▰▰▰▰▰▰▰▰▰▰▰▰▰▰▰▰▰▰▰▰▰▰▰▰▰

【社内】
○CD 女性週刊誌の発行戦略
27
　　A（企画課　課長）
　　B（企画課　木村）
　　C（企画課　鈴木）

1.　CDを聞いて、質問に答えてください。
　　1）　鈴木さんは木村さんの意見に賛成ですか、反対ですか。

　　2）　それはどうしてですか。

2.　もう一度CDを聞いてください。

ファーストフード・チェーン fast-food chain　　品質維持 ひんしついじ maintaining quality

3.　スクリプトを完成してください。

A：　ところで木村さん、女性週刊誌についてはどのように考えていますか。

B：　そうですね。30代の働く女性をターゲットにした週刊誌を発行するべきじゃないかと思いますが……

A：　そうですか。鈴木さんの意見は。

C：　わたしは、木村さんの意見にはちょっと（会議で反対する）＿＿＿＿＿＿＿＿……（理由を述べる）＿＿＿＿＿＿＿＿、女性をターゲットにした週刊誌はすでにいくつか出版されているからです。同じようなものを出しても売れない（否定的な意見を述べる）＿＿＿＿＿＿＿＿。

B：　（意見を受け入れてから反対する）＿＿＿＿＿＿＿＿、読者は新しい情報をほしがっていますよ。それに、30代の働く女性をターゲットにした週刊誌はまだ発行されていないし……

A：　木村さん、需要という点ではどうですか。

B：　このグラフをご覧ください。こちらのグラフは過去5年間の働く女性を年齢別、職業別にまとめたものです。このグラフからもおわかりのように年齢別では、ここ数年、30代の女性の就職がかなり（変化を説明する）＿＿＿＿＿＿＿＿。また、職業別にみますと、専門職を持つ女性が特に増えてきていることがわかります。

A：　なるほど。2人の考えはよくわかりました。この件については今の意見を参考にしてわたしから返事をします。

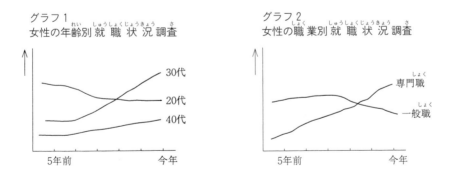

グラフ1
女性の年齢別就職状況調査

30代
20代
40代

5年前　　　　今年

グラフ2
女性の職業別就職状況調査

専門職
一般職

5年前　　　　今年

4.　もう一度CDを聞いて、自分の書いた表現と比べてください。

発行する　はっこうする　publish　　需要　じゅよう　demand　　専門職　せんもんしょく　specialist job
就職状況調査　しゅうしょくじょうきょうちょうさ　employment situation survey

5.　ロールプレイ

A（上司） (Superior)	B（部下） (Subordinate)	C（部下） (Subordinate)
①輸入住宅についてBに意見を求めてください。 Ask B's opinion of imported houses. ③Bの意見を聞いたあとでCの意見を求めてください。 Ask C's opinion after listening to B. ⑥Bに輸入住宅の需要について聞いてください。 Ask B about the demand for imported houses. ⑧2人の意見を参考にすると言ってください。 After listening to B and C, tell them that you will take their opinions into consideration when making any decision on the matter.	②輸入住宅はもっと積極的に取り入れて、販売するべきだと言ってください。 Say that every effort should be made to import and sell more houses. ⑤Cの意見を受け入れてから、反対してください。 （理由）・デザインがおもしろい。 　　　　・コストパフォーマンスがいい。 After listening to C, disagree with him. (Reasons：Houses are interestingly designed and highly cost-effective.) ⑦輸入住宅の需要についてグラフを見て説明してください。 Looking at the graph, explain the demand for imported houses.	④Bに反対してください。（理由）輸入住宅は規格が合わないことが多い。 Disagree with B. (Reason：Imported houses do not meet requirements in most cases.) **輸入住宅の受注件数** 件数 ↑ 5年前　　　　今年

輸入住宅　ゆにゅうじゅうたく　imported house　　コストパフォーマンス　cost-effective

【社外】

CD 28 食品の共同開発

    A（X 社社員）

    B（Y 社社員）

1.　CD を聞いて、質問に答えてください。

  1)　アンケート調査の結果から、どんなことが言えると言っていますか。

  2)　高齢者向け食品開発はどんな点に問題がありますか。

2.　もう一度 CD を聞いてください。

3.　スクリプトを完成してください。

  A：　こちらのグラフをご覧ください。これは高齢者人口の変化を示したものです。このグラフからもおわかりのように、高齢者人口の割合は増え続けており、今後もこの傾向は続くと言えるでしょう。また、こちらのアンケート調査をご覧ください。これは 40 代の男女 1,000 人を対象に、『老後の生活で不安なこと』についてアンケート調査をしたものです。その中でも『食生活』について不安に感じている人の割合は全体の 85％にも達し、非常に高いということが言えます。ですから、高齢者向けの食品を共同開発していけば、ビジネスになると思いますが……

  B：　おっしゃる通りなんですが、高齢者は経済的には不安定なので、(部分的に否定意見を述べる)＿＿＿＿＿＿購買力が高い＿＿＿＿＿＿のではないかと……

  A：　はあ、そうですか。

  B：　私どもといたしましては、競合はありますが、購買力のある 20 代の一人暮らしをターゲットとしたインスタント食品の開発に今後も力を入れていきたいと思っておりますが……

  A：　まあ、(意見を受け入れてから反対する)＿＿＿＿＿＿＿＿＿＿＿＿＿＿、今後 10 年先、20 年先のことを考えると、若者向けの食品開発ばかりしているわけにはいかない(否定的な意見を述べる)＿＿＿＿＿＿＿＿＿＿＿＿＿……

  B：　まあ、(同意しない)＿＿＿＿＿＿＿＿＿……

老後 ろうご one's old age　　達する たっする reach　　必ずしも〜ない かならずしも〜ない not necessarily
競合 きょうごう competition　　　購買力 こうばいりょく purchasing power　　　一人暮らし ひとりぐらし
living alone

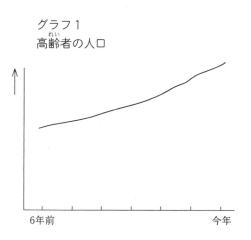

グラフ1
高齢者の人口

6年前　　　　　　今年

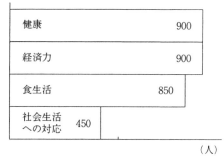

グラフ2
『老後の生活で不安なこと』アンケート
40代1,000人対象（複数回数あり）

健康	900
経済力	900
食生活	850
社会生活への対応	450

（人）

4.　もう一度CDを聞いて、自分の書いた表現と比べてください。

5.　ロールプレー

A（X社社員） (From X company)	B（Y社社員） (From Y company)
X社とY社は車の共同開発をすることになりました。 X company and Y company have decided to develop a new car jointly.	
①グラフを見せて説明し、需要の多いRVを開発すればヒット商品になると言ってください。 Show the graph and explain to B that if you develop an RV that's in demand, it will be a hit. ③相づちを打ってください。 Make appropriate responses as you listen to B. ⑤Bの意見を認めてから、反対してください。今後10年先を考えると、一般車だけでは他社に勝てないと言ってください。 Acknowledge B's opinion but disagree with him. Tell B that you cannot compete with other companies ten years hence by just selling general cars.	②Aの意見を認めてから、反対してください。開発費がかかるので必ずしもいいとは言えないと言ってください。 Acknowledge A's opinion but disagree with him. Tell him that his idea will not necessarily be good because developing an RV will be expensive. ④RVよりも、安定した需要がある一般車をもっと開発していきたいと言ってください。 Tell A that you should develop general cars which have a stable demand rather than RVs.

購入希望車アンケート調査結果
1,000人対象（複数回答あり）

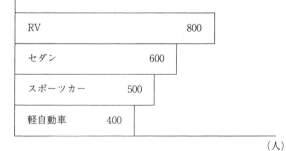

RV	800
セダン	600
スポーツカー	500
軽自動車	400

（人）

ヒット商品　ヒットしょうひん hit product　　RV recreational vehicle　　相づち　あいづち responses
一般車　いっぱんしゃ general car　　セダン sedan　　軽自動車　けいじどうしゃ light car

STAGE 3

1. 半導体工場の海外進出

A：同僚

あなたの会社が海外に半導体の工場を作ることになりました。X国の良い点を例をあげて説明したあとで、X国に作ることを主張してください。

A：Colleague

Your company has decided to build a factory to produce semiconductors. State that the factory should be built in the nation of X, giving reasons and the country's strong points.

B：同僚

あなたの会社が海外に半導体の工場を作ることになりました。X国の問題点を指摘してAの意見に反対してください。そしてY国に作るべきだと主張してください。

B：Colleague

Your company has decided to build a factory to produce semiconductors. Listen to A's proposal. Point out the problems with the nation of X and disagree with A. State that the factory should be built in the nation of Y.

	賃　金	地　価	政　情	電力のコスト
日　本	100	100	○	100
X　国	40	90	×	70
Y　国	70	30	○	90

日本を 100 とした場合

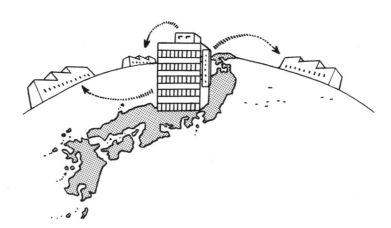

半導体 はんどうたい semiconductor　　賃金 ちんぎん wages　　地価 ちか land price　　政情 せいじょう political situation　　電力 でんりょく electric power

2. フィットネス講座の企画

Ａ：同僚

フィットネス講座のスケジュールを作成しました。Ｂに説明したあとで意見を求めてください。Ｂが反対したら具体的な理由を考えて反対してください。

Ａ：Colleague

You have made a schedule for fitness courses. Explain it to B and then ask for his opinion. If he disagrees with the schedule, defend it with your own thought-up reasons.

Ｂ：同僚

フィットネス講座のスケジュール表について話し合っています。Ａの説明を聞いてから、スケジュール表の問題点をできるだけ指摘して反対してください。

Ｂ：Colleague

You and A are talking about a schedule for fitness courses. Listen to A's proposed schedule and then disagree with it, pointing out as many problems with it as possible.

フィットネス講座のスケジュール表

コース	曜　日	時　　間	費用（3カ月）
ヨ　ガ	火／木	①10：00〜11：00 ②19：00〜20：00	￥100,000
エアロビクス	月／水	①　8：00〜　9：00 ②19：00〜20：00	￥　60,000
ストレッチ	木	①19：00〜20：00	￥　30,000

3. 中小企業 VS 大企業

Ａ：同僚

大企業と中小企業の長所と短所について話し合っています。自分の能力を生かすためには中小企業のほうがいいと例をあげて主張してください。

Ａ：Colleague

You and B are talking about the strong and weak points of big companies and small or medium-sized enterprises. Tell B that it is better to join small or medium-sized enterprises because you can make good use of your ability. Give reasons to support your opinion.

Ｂ：同僚

大企業と中小企業の長所と短所について話し合っています。Ａの意見に反対してください。自分の能力を生かすためには大企業のほうがいいと例をあげて主張してください。

Ｂ：Colleague

You and A are talking about the strong and weak points of big companies and small or medium-sized enterprises. Disagree with A's opinion. Say it is better to join big companies, and give reasons.

フィットネス講座　フィットネスこうざ　fitness course　　指摘する　してきする　point out　　ヨガ　yoga
エアロビクス　aerobics　　ストレッチ　stretch

4. システムキッチンの共同開発

A：X社社員

X社、Y社でシステムキッチンの共同開発をすることになりました。A案を採用するべきだという意見を述べてください。Bに反対されたらA案のいい点を例をあげて説明してください。

A：From X company

X company and Y company have decided to develop a system kitchen jointly. Tell B that plan A should be adopted. If he disagrees, point out the strong points of plan A and try to persuade him.

B：Y社社員

X社、Y社でシステムキッチンの共同開発をすることになりました。

資料を見て、Aの意見に反対してください。

B：From Y company

X company and Y company have decided to develop a system kitchen jointly. Look at the data and disagree with A.

	耐久年数	デザイン性	機能性	開発費
A案	10年	○	○	1億円
B案	30年	×	○	2億円

「システムキッチンに期待するもの」
お客様 1,000人に聞く（複数回答あり）

機能	950
低価格	850
耐久性	600
デザイン	450
小型化	300

（人）

STAGE 4 ビジネスシミュレーション

【社内】

日本人は「NOと言うのが苦手だ」と言われています。そして反対表現を間接的に言ったりします。このようなことを考えながら、あなたの職場で使われている反対表現を書いてください。

【社外】

聞いた時に、賛成表現なのか反対なのかわからなかった言葉があったら、書いてください。

耐久年数 たいきゅうねんすう durability　　小型化 こがたか miniaturization　　苦手 にがて weak point
間接的 かんせつてき indirect

上司にうまく「NO」を言うには

1. 前置き表現を使う

「すみませんが」「大変申し訳ないんですが」という前置き表現を日本人はよく使う。難しいことを依頼する時、相手に謝る時、そして、何かを断る時に前置き表現はよく使われる。特に、目上の人に反対意見を言う時は、前置き表現を使ったほうがいい。そのほうがコミュニケーションがスムーズに進むからである。

2. 文末表現は遠回しに言う

「ちょっと難しいように思われるんですが」「少し、厳しいんじゃないでしょうか」などの婉曲表現を使うことによって、表現は柔らかくなる。上司や、目上の人に対して反対する時は、直接反対して反感を買うよりもこのほうが効果的である。

3. 「NO」の理由をはっきり説明する

なぜ、反対なのか、理由を付け加えることは、論理的に話を進める上でも、大切なことである。理由がはっきりしていれば、反対意見でも、聞き入れてくれるはずである。

4. 代案を出す

反対意見だけを述べるのではなく、必ず代案を提案するようにする。目的はビジネスの成功であるということを心得ておく。

5. 最終的には上司の決定に従う

反対意見を述べても、その決定権は上司にあることを忘れてはならない。自分の意見が受け入れられなくても、従わなければならない。

第5課　　結論

　話の結論を述べるときにはわかりやすく話すことが大切です。ですから、結論を述べる前によく「これから結論を言いますよ」というサインを出します。そうすると相手も注意して聞いてくれます。それが「つまり」とか「従って」とかの接続詞です。また、その結論が相手の意見と違ったり、相手にとってよくない結論だったりする時は、強い文末表現を使わないで、あいまいな文末表現を使うようにしたほうがいいです。それは日本人が相手の気持ちを大切に考えているからです。

STAGE 1

【社内】

1. 結論をまとめる

CD
29　会話

A：	最近、ずいぶん①売上げが落ちていますね。
B：	そうですね。②消費者のニーズがつかめていないんじゃないでしょうか。
A：	つまり、③市場調査をきちんとやる必要があるってことですね。
B：	そういうことですね。

練習1　1)　①業績が悪化し(て)　　②人件費を減らす必要がある
　　　　　　③人員整理をしなければならない
　　　2)　①利益が減少し(て)　　②コストがかかりすぎている
　　　　　　③コスト削減をやる必要がある

練習2　A（同僚）：①最近ジャンパーの売上げが落ちていると言ってください。
　　　　　　　　　　③若者に売れる商品を開発しなければならないという結論をまとめてください。
　　　　　B（同僚）：②Aの話に相づちを打って、今までのデザインでは若者に売れないんじゃないかと言ってください。
　　　　　　　　　　④Aに同意してください。

業績 ぎょうせき business results　　悪化する あっかする become worse　　人員整理 じんいんせいり personnel cut

54

(A and B are colleagues.)

A : ① Tell B that jacket sales have decreased recently.
　　③ Conclude that you must develop goods which sell to the young.

B : ② Make agreeable responses, and tell A that goods won't sell well unless the company changes the design it has been using.
　　④ Agree with A.

2. 結論を導く

CD 30　会話

> A:　それで、この①新しいシステムを作る件についてはどうですか。
>
> B:　ええ。①新しいシステムを作るには、②時間をかけなければなりません。従って、将来の発展のためには、③目先の利益だけを追求してはいけないということが言えるでしょう。

練習1　1)　①売上げを伸ばす　　②ヒット商品を作ら（なければなりません）
　　　　　　③新製品の開発が重要だ

　　　　2)　①人手不足を解消する　②パートの労働力を利用し（なければなりません）
　　　　　　③パートの労働条件を改善するべきだ

　　　　3)　①シェアを伸ばす　　②新しい市場を開拓し（なければなりません）
　　　　　　③もっとセールスに力を入れるべきだ

練習2　A（同僚）：①Bに売上げを伸ばす件について意見を求めてください。

　　　　B（同僚）：②これからもっと売上げを伸ばすためには若者にターゲットをしぼるべきだと言ってください。そして、若者向けの商品をもっと増やす必要があるという結論を導いてください。

(A and B are colleagues.)

A : ① Ask B his opinion of how the company should increase sales.

B : ② Tell A that it should target the young in order to increase sales. Conclude that it needs to increase the range for the young.

結論を導く けつろんをみちびく come to the conclusion　　発展 はってん expansion　　目先の めさきの short-run　　追及する ついきゅうする pursue　　人手不足 ひとでぶそく manpower shortage　　解消する かいしょうする dissolve　　パート part-time worker　　労働力 ろうどうりょく labour force　　改善する かいぜんする improve　　シェア (market) share　　伸ばす のばす increase　　開拓する かいたくする develop　ターゲットをしぼる target　　若者向け わかものむけ for young people

3. 結論を報告する

CD 31

会話

> A：　①今までの販売システムでは売上げが伸びないんですよ。
>
> B：　そうですか。
>
> A：　ですから、②新しいシステムを作ろうってことになったんです。
>
> B：　なるほど。

練習1　1)　①このままだと大幅に赤字になる

　　　　　　②もっと営業に力を入れなければならない

　　　　2)　①ワープロでは電子メールが送れない

　　　　　　②コンピューターを入れよう

練習2　A（総務部の社員）：①最近の若い人は団体旅行を嫌がるので、社内旅行の参

　　　　　　　　　　　　　加率が悪いと言ってください。

　　　　　　　　　　　　③今年から総務部の社内旅行は中止すると、Bに結論を

　　　　　　　　　　　　報告してください。

　　　　B（営業部の社員）：②Aの報告に相づちを打って、聞いてください。

(A is from the general affairs department and B is from the sales department.)

A：① Tell B that the young today dislike group tours and the rate of joining company trips is low.

　③ Report to B that the trip for the general affairs department will be canceled from this year on.

B：② Make agreeable responses while listening to A's report.

ロールプレー

1.　A（同僚）：①東京商会が自社よりも安い価格を提案していると言ってください。

　　　　　　　③自社も、もっと価格を引き下げるという結論を報告してください。

　　B（同僚）：②Aの報告に相づちを打って、聞いてください。

（A and B are colleagues.）

A：① Tell B that Tokyo Shokai has offered a lower price than your company.

　③ Report to B the conclusion that your company should make the price much lower.

B：② Make agreeable responses while listening to A's report.

2.　A（同僚）：①営業利益をあげる件についてBに意見を求めてください。

　　B（同僚）：②営業利益をあげるためには、もっとコストを下げる必要があると言っ

　　　　　　　て、そしてコストが安い現地生産に変えていかなければならないとい

　　　　　　　う結論を導いてください。

大幅に　おおはばに　drastically　　電子メール　でんしメール　E-mail　　自社　じしゃ　our company
営業利益　えいぎょうりえき　operating income

（A and B are colleagues.）

A：① Ask B his opinion of how the company should increase operating income.

B：② Tell A that costs should be reduced more in order to increase operating income, and conclude that the company must move to local production with low costs.

3.　A（総務部社員）：①総務部では残業代が人件費の 35％にもなっていると言ってください。

　　　　　　　　　　　③そのため、残業代を制限しようということになったという結論をBに報告してください。

　　B（営業部社員）：②Aの報告に相づちを打って、聞いてください。

（A is from the general affairs department and B is from the sales department.）

A：① Tell B that overtime pay occupies as much as 35% of personnel expenditure.

　③ Report to B the conclusion that overtime pay should be brought under control.

B：② Make agreeable responses while listening to A's report.

4.　A（会議の司会者）：①会議で全員にコンピューターを持たせる件について話し合っています。Bに意見を求めてください。

　　B（出席者）：②時代の動きに対応していくためには、社員が早く正確な情報を手に入れることが大切だと言ってください。そして、全員がコンピューターを持って電子メールなどが利用できるようにする必要があるという結論を導いてください。

（A is chairperson of a meeting and B is a participant.）

A：① Members of the meeting are talking about whether everyone in the office needs a computer. Ask B his opinion.

B：② Tell the meeting that it is important for staff members to obtain quick and correct data. Conclude that it is necessary for all the staff members to have their own computers so that they can use e-mail.

5.　A（同僚）：①最近営業成績があまりよくないと言ってください。

　　　　　　　③コンピューターによる顧客管理をするべきだという結論をまとめてください。

　　B（同僚）：②Aの話に相づちを打って、顧客の情報管理ができていないからだと言ってください。

　　　　　　　④Aに同意してください。

（A and B are colleagues.）

A：① Tell B that business achievements haven't been so good recently.

　③ Conclude that customer data management should be done by computer.

B：② Make agreeable responses and tell A that the company is not using customer data very well.

　④ Agree with A.

【社外】

1. 結論をまとめる

CD 32　会話

> A：　これは、すなわち、<u>御社の売上増</u>になるということでございます。
>
> B：　よくわかりました。

練習 1　1)　当社の技術は世界に通用する

　　　　　2)　この商品は消費者のニーズに合っている

練習 2　A（X 社セールスマン）：①新しく発売されたビデオカメラは世界一小さく

　　　　　　　　　　　　　　　　　て軽いという結論をまとめてください。

　　　　　B（Y 社営業部員）：②了解してください。

（A is a salesman from X company and B is from the sales department of Y company.）

A：① Conclude that your company's latest video camera is the smallest and lightest one in the world.

B：② Agree with A.

2. 結論を導く

CD 33　会話

> A：　<u>①今までの説明でおわかりいただけましたように</u>、こうした商品
>
> 　　　は、<u>②これまでなかったものだ</u>と言ってよろしいかと思いますが。
>
> B：　そのようですね。

練習 1　1)　①今までご説明してきました　　　②当社にしか開発できない

　　　　　2)　①この報告書からもわかります　　②必ず人気が出る

練習 2　A（X 社セールスマン）：①自社が開発したコピー機について説明した後で、

　　　　　　　　　　　　　　　　　一番ランニングコストが安いという結論を導い

　　　　　　　　　　　　　　　　　てください。

　　　　　B（Y 社総務部長）：②同意してください。

（A is a salesman from X company and B is general manager of Y company's general affairs department.）

A：① After you have explained to B about the copier your company's developed, conclude by saying that its running costs are the lowest in the world.

B：② Agree with A.

御社　おんしゃ　your company（polite）　　了解する　りょうかいする　agree　　ランニングコスト　running costs

3. 結論を報告する

会話 CD 34

> A：　検討の結果、<u>御社のご希望にはそえない</u>という結論に達しまして。
> B：　さようでございますか。

練習1　1)　他社にお願いする
　　　　　2)　契約の更新は難しい
　　　　　3)　御社の商品を採用する

練習2　A（X 社営業部長）：①Y 社と業務提携はしないことになったという結論を
　　　　　　　　　　　　　　　　B に報告してください。

　　　　　B（Y 社社員）：②A の結論を受け入れてください。

（A is general manager of the sales department in X company and B is from Y company.）
A：① Report to B the conclusion that there is no chance of business cooperation with Y company.
B：② Accept A's conclusion.

ロールプレー

1.　A（X 社セールスマン）：①Y 社の販売を伸ばすためには、X 社の品質管理システムソフトの導入が効果的だと結論をまとめてください。

　　B（Y 社社員）：②了解してください。

（A is a salesman from X company and B is from Y company.）
A：① Conclude that the introduction of X company's quality control software would help increase the sales of Y company.
B：② Agree with A.

2.　A（X 社営業部長）：①Y 社の企画は採用できないという結論を報告してください。

　　B（Y 社営業部員）：②A の結論を受け入れてください。

（A is general manager of the sales department in X company and B is from the sales department of Y company.）
A：① Report to B the conclusion that the plan from Y company will not be accepted.
B：② Accept A's conclusion.

希望にそう　きぼうにそう　meet the wishes　　結論に達する　けつろんにたっする　reach a conclusion　　さようでございますか　I see（polite）　採用する　さいようする　use　　業務提携　ぎょうむていけい　business cooperation

3.　A（X 社社員）：①消費者の人気商品ベストテンの 1 位だったことからよくわかるよ
　　　　　　　　　　うに、この X 社の壁掛けテレビは、消費者が一番ほしがっている
　　　　　　　　　　商品だという結論を導いてください。

　　　B（Y 社営業部長）：②同意してください。

　（A is from X company and B is general manager of the sales department in Y company.）
　A：① As your company's wall TV is ranked first in popularity, conclude it is the one most wanted
　　　by customers.
　B：② Agree with A.

STAGE 2 ==

【社内】

CD 35　新商品の販売戦略

　A（部長）
　B（部下　山口）

1.　CD を聞いて、質問に答えてください。

　1)　新しい商品を売るためにはどうしなければなりません。

　2)　そのためにはどんな方法が考えられますか。

2.　もう一度 CD を聞いてください。

3.　スクリプトを完成してください。

　A：　山口さん、例の新しいリップクリームの宣伝の件（報告を求める）＿＿＿＿＿＿＿＿＿＿。
　　　　まず、調査結果を報告してくれませんか。

　B：　はい。これです。今までのリップクリームの販売実績について調べてみたんで
　　　　すが、購買者は女子高生がもっとも多く、次が大学生になっています。

　A：　そうですね。

　B：　それに、この 3 年間のリップクリームの売れ行きを年代別に調べてみますと、
　　　　女子高生に人気が出たものは、3 カ月から 5 カ月後には、全体的に売れ始める
　　　　ということがわかりました。

　A：　なるほど。

　B：　（結論をまとめる）＿＿＿＿＿＿＿＿＿＿、商品を売るためには女子高生の心をつかむこ
　　　　とが必要だ（結論をまとめる）＿＿＿＿＿＿＿＿＿＿＿。

　A：　それはわかるけど、具体的なアイデアは。

壁掛けテレビ　かべかけテレビ　wall T.V.　　販売戦略　はんばいせんりゃく　sales strategy　　購買者　こうばいしゃ
purchaser　　売れ行き　うれゆき　state of sales　　心をつかむ　こころをつかむ　attract

B：　はい。キャンペーンの対象を女子高生にしぼったらどうでしょうか。

A：　(聞き返す)＿＿＿＿＿＿＿＿＿＿、CM に女子高生を使ったり、サンプルを配ったりする (確認する)＿＿＿＿＿＿＿＿＿＿＿＿＿＿。

B：　はい。女子校でパンフを配ったり、方法は色々考えられますが、(結論をまとめる)＿＿＿＿＿＿＿＿＿＿、女子高生みんなにこの新しいリップクリームを宣伝する (強く主張する)＿＿＿＿＿＿＿＿＿。

A：　(結論をまとめる)＿＿＿＿＿＿＿＿＿＿、知名度をあげる (結論を確認する)＿＿＿＿＿＿＿＿＿＿＿＿。じゃあ、具体的に検討してみましょう。

4.　もう一度 CD を聞いて、自分の書いた表現と比べてください。

5.　ロールプレー

A（上司） (Superior)	B（部下） (Subordinate)
①B に今期のコンピューターの販売実績について、データの報告を求めてください。 Ask B to report on the present sales results of your company's computer.	②販売実績のグラフとお客様アンケートの結果を見せて説明し、もっと消費者の購買意欲を刺激する新製品が必要だと言って、結論をまとめてください。 Show A the graph of sales results and the results of a customer questionnaire and explain them. Conclude that new products which further stimulate consumers' desire to purchase are needed.
③具体的なアイデアがあるか聞いてください。 Ask B if he has any specific ideas.	④子供でも使える操作が簡単な新製品を 5 万円以下で売り出したらどうかと提案してください。 Suggest that the company sell a new product for ¥50,000 or less which even children can operate easily.
⑤販売の対象者を広げるということかと聞き返して確認してください。 Ask B if he intends to widen the sales target.	

パンフ brochure　　知名度 ちめいど how widely known　　販売実績 はんばいじっせき sales results　　購買意欲 こうばいいよく desire to buy　　刺激する しげきする stimulate　　対象者 たいしょうしゃ target

⑦新しいニーズを掘り起こすことだともう一度Ｂの結論をまとめてください。

Confirm B's conclusion that new needs should be found.

⑥消費者のニーズを先取りするべきだと結論をまとめてください。

Conclude that consumer needs should be anticipated.

Ｘ社5年間の販売実績グラフ

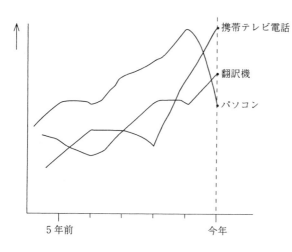

携帯テレビ電話

翻訳機

パソコン

5年前　　　　　今年

「どんなパソコンがほしいか」
お客様1,000人に聞く（複数回答あり）

操作が簡単	978（人）
機能が単純	893
機能が多い	208
価格が10万円未満	929
価格が10万円以上	244

「だれがパソコンを使っているか」
お客様1,000人に聞く（複数回答あり）

30代～50代　男性	309（人）
30代～50代　女性	89
10代～20代　男性	690
10代～20代　女性	512
10才以下　男性	893
10才以下　女性	789

先取りする　さきどりする　anticipate　　掘り起こす　ほりおこす　find

【社外】

CD 36 新商品の売り込み

A（X社営業部員）

B（Y社営業部員）

1.　**CDを聞いて質問に答えてください。**

Aはどう売り込みの結論を述べましたか。

2.　**もう一度CDを聞いてください。**

3.　**スクリプトを完成してください。**

A：　(相手の注意を引く)＿＿＿＿＿＿＿＿＿＿＿＿＿＿＿、ここに昨年実施した「こ
んなものがほしいベストテン」の結果がございます。これは新商品の開発のた
めに、ユーザー1万人を対象として行った調査の結果でございます。

B：　それは、新しいニーズの調査をやってみた(結論を確認する)＿＿＿＿＿＿＿＿。

A：　はい。それで、この調査結果からおわかりのように、立体テレビが断然トップ
になっております。

B：　そうですね。

A：　特によく見ていただきたいのは、2位の携帯テレビ電話を25％も引き離してい
るということでございます。このように立体テレビは、何よりもお客様に喜ん
でいただける(売り込みの結論を導く)＿＿＿＿＿＿＿＿＿＿＿＿＿＿＿。

B：　それはそうですね。

A：　当社ではこうした消費者の声をもとに、この立体テレビを開発、完成させまし
た。このパンフレットをご覧の上、ぜひこの商品を御社で扱っていただきたい
んですが……

B：　じゃあ、詳しく説明をうかがいましょう。

4.　**もう一度CDを聞いて、自分が書いた表現と比べてください。**

ユーザー　user　　立体テレビ　りったいテレビ 3-D T.V.　　断然　だんぜん　definitely　　引き離す　ひきはなす
out distance　　ご覧の上　ごらんのうえ　after looking　（polite）

5.　ロールプレー

A（X 社営業部員） (Staff member of X company's sales department)	B（Y 社営業部長） (General manager of the sales department in Y company)
①「旅行者のほしいものベスト 5」のリストを B に見せます。これはある旅行社が 1 万人にアンケートを取った結果だと言ってください。 Show B a list of the top five items wanted by tourists. Tell B that it is the result of a travel agent survey of 10,000 people.	
	②A の話を新しいニーズの調査だと言って確認してください。 Confirm that what A has talked about is new needs research.
③B の質問に返事をして『自動走行かばん』がトップだと言って、こうした商品はお客が何よりも喜ぶと売り込みの結論を導いてください。 Answer B and tell him that the "Auto Running Suitcase" is at the top of the list. Conclude that this kind of product will please consumers the best.	
	④A の言うことを認めてください。 Accept what A has said.
⑤調査結果をもとに、このような『オートサイドウォーカー』を開発したと言って、B に扱うように頼んでください。 Say that your company has developed the "Auto Side Walker" based on the results of the survey. Ask B to deal with it.	
	⑥説明を聞くと言ってください。 Tell A to listen to you.

旅行者のほしいものベスト 5
1. 自動走行かばん
2. 音声入力翻訳機
3. どこでも使える携帯電話
4. どんな水でもミネラルウォーターにする薬
5. ウォーターヘッドホンステレオ

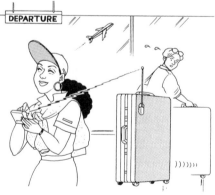

自動走行かばん　じどうそうこうかばん　Auto Running Suitcase

STAGE 3

1. スポーツウェアの開発

A：スポーツ用品会社開発部長
　年齢別運動時間の調査について部下B
に報告を求め、商品についてのアイデ
アを聞いてください。

A：General Manager of the development
department in a sporting goods company
Ask B to report on the survey on exercise
hours by age and ask for his ideas on
goods.

B：スポーツ用品会社スポーツウェア担当部員
　A部長に年齢別運動時間の調査の結
果を見せて説明し、データから得られ
る結論を述べ、商品についてのアイデ
アを述べてください。

B：In charge of sportswear in a sporting
goods company
Show A the results of the survey on
exercise hours by age and explain them.
Using the data, come to a conclusion and
give your ideas about goods.

年齢別運動時間の調査

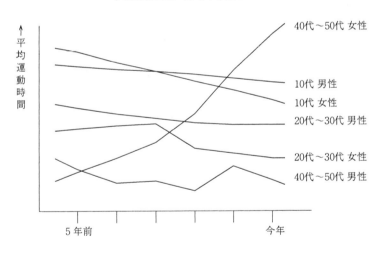

↑
平均運動時間

40代～50代 女性
10代 男性
10代 女性
20代～30代 男性
20代～30代 女性
40代～50代 男性

5年前　　　　　　今年

2. 販売契約

A：営業部長

社内の会議でどこと販売契約を結んだらいいか話しあっています。部下Bに岡商事、丸山商会、吉田商事の営業成績について報告を求め、説明を聞いてください。

A：General manager of the sales department
At a meeting ask B to report on the sales results of Oka Shoji, Maruyama Shoji and Yoshida Shoji respectively and listen to B's explanation.

B：営業部員

社内の会議で、資料を見せて3社の営業成績について説明し、どこと販売契約を結んだらいいか考えて、A部長に結論を言ってください。

B：Staff member of the sales department
At a meeting show data for the three companies and explain about their sales results. Decide which company will be best to enter into a contract with and tell your conclusion to A.

岡商事

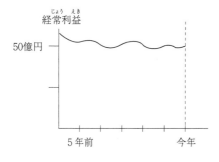

丸山商会

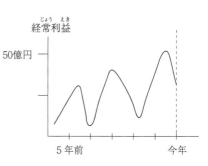

吉田商事

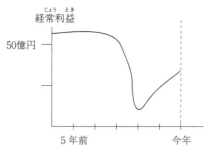

販売契約　はんばいけいやく　sales contract

3. ヘッドホンステレオの販売

A：同僚

アスカ社のヘッドホンステレオの販売実績について、Bと話し合ってください。このヘッドホンステレオをこれからも売っていくかどうか、話し合ってください。

A：Colleague

Talk to B about the sales results of Asuka's headphone stereo. Discuss with B if the company should keep selling the item.

B：同僚

アスカ社のヘッドホンステレオの販売実績についてAと話し合ってください。(1)のグラフの原因を(2)の表を見て考え、述べてください。そしてアスカ社の商品をこれからも売っていくかどうか話し合ってください。

B：Colleague

Talk to A about the sales results of Asuka's headphone stereo. Look at graph (2) and think of the causes of graph (1). Discuss with A if the company should keep selling the item.

(1)アスカ社のヘッドホンステレオの販売実績

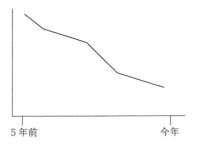

5年前　　　　　今年

(2)ユーザーのクレーム件数

使いにくい	462 件
こわれやすい	621 件
音が悪い	118 件

4. 新しいパソコンの売り込み

A：X社営業部員
X社が開発した新しいパソコンの売り込みのためにY社を訪ねました。担当のBにあいさつし、見本とパンフレットを見せながら売り込んでください。
A：Staff member of X company's sales department You have visited Y company to sell new personal computers developed by your company.

B：Y社営業部員
X社が開発した新しいパソコンの売り込みのためにAがY社を訪ねてきました。Aの売り込みを聞いて、色々質問をしてください。
A：Staff member of Y company's sales department A has visited you to sell new personal computers developed by X company. Listen to A and ask him questions.

```
                    ラクラクメール
   価格　：　　　￥69,800
   サイズ：　　　A6
   重さ　：　　　500　グラム
   特長　：　　　通信ソフト内蔵
              携帯電話内蔵　どこからでも電子メールが送れる
                 ワープロ機能充実
           地球上、すみからすみまであなたのオフィスに !!!
```

STAGE 4 ━━━━━━━━━━━━━━ ビジネスシミュレーション

現在、あなたの会社が積極的に売っている商品を一つ選んで、売り込みの文句を考えて書いてください。

内蔵　ないぞう　built-in　　充実した　じゅうじつした　full　　文句　もんく　words and phrases

商品の値上げを交渉する場合

1. 競争相手の会社、市場の状況を分析して、データをそろえる

　交渉する前には具体的な情報を収集して、じっくりと分析する。論理的な裏付けや、分析は交渉する前の基本である。他の人の意見も聞いて、客観的に判断してもらうことも大切である。

2. 値上げの根拠を理解してもらう

　値上げの交渉を持ちかける場合には、まず、なぜ値上げが必要なのか、その根拠を論理的に説明し、理解してもらうことから始めると、話が進みやすくなる。

商品の値上げを要求された場合

1. 誠意を持って話し合いに応じる

　相手は、正当な理由があって、値上げ交渉をしてきているはずである。慎重に考えて、迅速な判断をすることは、相手への誠意であり、ビジネスの基本でもある。

2. 状況を調査して、譲歩案をまとめる

　相手の交渉事項に対して、その背景の調査を十分にし、データを分析する。値上げに対して、「NO」の場合は、その譲歩案が提案できるように、妥当な価格を設定しておくとよい。そうすれば速く、そして、円滑に商談が進むであろう。

第6課　　説得

　　説得をするということは、自分の意見をよく説明して相手に自分の意見を受け入れてもらうことです。それには、相手の気持ちを動かさなければなりません。そのためには、2つの大切なことがあります。一つは論理的に話して、相手の理性を動かすことです。もう一つは暗示(じ)をあたえて、相手の心を動かすことです。その時に、自分と相手の違う点を主張(ちょう)してはいけません。共通点を見つけて、そこから話を始めるべきです。そうすると相手は警戒(けいかい)しないで話を聞いてくれるので、相手の心を動かしやすいのです。説得を成功(こう)させるには、相手の心と理性の両方を動かすことが必要です。

STAGE 1

【社内】

1. 同意を求めて説得する

CD 37 会話

> A： この不況では、①今年は採用(さい)をやめる必要があると思いますが。
> B： それはそうなんですが、それよりも、②わが社にとって10年先を考えた採用(さい)計画のほうが大切だと思われるでしょう。
> A： 確(たし)かにそうですね。

練習1　1)　①リストラをやる　　　　　②不採算部門(さいさん)(はい)を廃止するほうが先だ
　　　　2)　①賞与(しょうよ)の一部をカットする　②節約(せつ)のほうが大切だ

練習2　A（同僚(りょう)）：（説得される）
　　　　　　　　①この不況(きょう)では新入社員の採用(さい)を中止する必要があると言ってください。
　　　　　　　　③同意してください。
　　　　B（同僚(りょう)）：（説得する）
　　　　　　　　②交際費(さい)を減らすほうが先だと言って同意を求めてください。

わが社 わがしゃ our company　　リストラ restructuring　　不採算部門 ふさいさんぶもん nonprofit-making department　　廃止する はいしする discontinue　　賞与 しょうよ bonus　　交際費 こうさいひ entertainment expenses

（A and B are colleagues.）

A：（To be persuaded）

　　① Tell B that it is necessary to cancel recruitment of new staff during the recession.

　　③ Agree with B.

B：（To persuade A）

　　② Get A to agree that the reduction of entertainment expenses is more important.

2. ほめてから説得する

CD 38 会話

> A：　わが社の売上げを伸ばすためには、もっと①アジア市場への進出を考えなければならないと思います。
>
> B：　それはなかなかいい点をついているね。
>
> A：　ありがとうございます。
>
> B：　ただ、②リスクヘッジをもっと考えておいたほうがいいと思うよ。
>
> A：　うーん。そうですね。

練習1 1)　①高齢者向けの商品開発　　②開発コストを抑える必要がある

　　　　 2)　①システムエンジニアをおくこと　②今の販売システムの改良も必要だ

練習2 A（部下）：（説得される）

　　　　　　　　　①売上げを伸ばすためには、積極的な宣伝活動をしなければならないと言ってください。

　　　　　　　　　③お礼を言ってください。

　　　　　　　　　⑤同意してください。

　　　　　 B（上司）：（説得する）

　　　　　　　　　②Aの意見をほめてください。

　　　　　　　　　④品質も向上させなければならないと言ってください。

（A is subordinate to B.）

A：（To be persuaded）

　　① Tell B that aggressive advertising is needed in order to increase sales.

　　③ Thank B.

　　⑤ Agree with B.

B：（To persuade A）

　　② Praise A's opinion.

　　④ Tell A that quality must also be improved.

リスクヘッジ hedging risk　　高齢者向け こうれいしゃむけ aimed at the old　　抑える おさえる hold down
向上する こうじょうする improve

ロールプレー

1. A（同僚）：（説得される）

　　　　　①営業利益を伸ばすためには、もっとデザインのいい製品を考えなけれ
　　　　　　ばならないと言ってください。

　　　　　③同意してください。

　　B（同僚）：（説得する）

　　　　　②もう少し制作費を抑えたほうがいいと言って同意を求めてください。

（A and B are colleagues.）
A：(To be persuaded)
　① Tell B that better designed products should be made in order to increase operating income.
　③ Agree with B.
B：(To persuade A)
　② Get A to agree that production costs should be a little less.

2. A（同僚）：（説得される）

　　　　　①社員が働きやすくなるようにするためには、フレックスタイム制導入
　　　　　　が効果的だと言ってください。

　　　　　③同意してください。

　　B（同僚）：（説得する）

　　　　　②フレックスタイム制を導入したら、チームワークがとりにくくなると
　　　　　　言って同意を求めてください。

（A and B are colleagues.）
A：(To be persuaded)
　① Tell B that the introduction of flexitime would make employees' work life better.
　③ Agree with B.
B：(To persuade A)
　② Try to get A to agree that the introduction of flexitime would make teamwork difficult.

3. A（部下）：（説得される）

　　　　　①仕事の能率を上げるためには、リフレッシュ休暇を１カ月はとれるよ
　　　　　　うにしたほうがいいと言ってください。

　　　　　③お礼を言ってください。

　　　　　⑤同意してください。

　　B（上司）：（説得する）

　　　　　②Aの意見をほめてください。

　　　　　④みんなが１カ月も休んだら仕事の上で困ることが多いから、2週間ぐら
　　　　　　いが適当だと言ってください。

能率 のうりつ efficiency　　リフレッシュ休暇 リフレッシュきゅうか "refreshing" vacation

（A is subordinate to B.）

A：（To be persuaded）

　① Tell B that at least a month-long "refreshing" vacation should be introduced in order to increase work efficiency.

　③ Thank B.

　⑤ Agree with B.

B：（To persuade A）

　② Praise A's opinion.

　④ Tell A that a two-week vacation would be enough, since a month-long vacation would cause inconvenience at work.

【社外】

1. 同意を求めて説得する

CD 39　会話

> A：　先ほどご説明しましたように、性能も他社のものよりずっと優れておりますし……
>
> B：　そのようですね。
>
> A：　こうした①商品こそ、②消費者が気に入るとお考えになりませんか。
>
> B：　なるほど、そうですね。

練習1　1)　①新しい製品　　②競争力がある

　　　　2)　①若い人向きの商品　　②ヒットしそうだ

練習2　A（X社社員）：（説得する）

　　　　　　　①前に説明したように、性能も他社のものよりずっと優れていると言ってください。

　　　　　　　③デザインがいい商品は消費者に喜ばれると言って、売り込んでください。

　　　　B（Y社社員）：（説得される）

　　　　　　　②Aの言うことを認めてください。

　　　　　　　④同意してください。

（A is from X company and B is from Y company.）

A：（To persuade B）

　① Tell B that, as you explained before, your machine completely outperforms those of other companies.

　③ Sell it to B, saying things with good design please consumers.

B：（To be persuaded）

　② Accept A's claim.

　④ Agree with A.

性能が～より優れる　せいのうが～よりすぐれる　outperform

2.　信頼を示して説得する

CD 40 **会話**

> A：　①<u>AXⅡの利点はわかりますが、採用</u>となると、なかなかねえ……
>
> B：　いやあ、御社のことですから、②<u>この製品のメリット</u>は十分ご理解いただけると確信しております。
>
> A：　そう言われると、断われませんねえ。
>
> B：　どうもありがとうございます。

練習1　1)　①新しいコンピューターシステムの導入

　　　　　　②このシステムの長所をよくご存知だ

　　　2)　①新しく取引きを始める

　　　　　　②この取引きのメリットはおわかりだ

練習2　A（X社社員）：（説得される）

　　　　　　　　　　　①商品の納期を1週間早くするのは難しいと言ってください。

　　　　　　　　　　　③Aの主張を受け入れてください。

　　　　B（Y社社員）：（説得する）

　　　　　　　　　　　②管理が優れているX社だったら、必ず間に合わせてくれると言って信頼を示してください。

　　　　　　　　　　　④お礼を言ってください。

（A is from X company and B is from Y company.）

A：（To be persuaded）

　① Tell B that advancing the delivery date by one week is difficult.

　③ Accept B's claim.

B：（To persuade A）

　② Show your faith in X company, saying that with their excellent management system they will surely be able to deliver the goods on time.

　④ Thank A.

ロールプレー

1.　A（X社営業部員）：（説得する）

　　　　　　　　　　　①前に説明したようにX社のビデオカメラは性能も他社のものよりずっと優れていると言ってください。

　　　　　　　　　　　③世界一小さいX社のビデオカメラは、消費者のニーズに合っていると言って同意を求め、売り込んでください。

示す　しめす　show　　確信する　かくしんする　be convinced

B（Y社営業部員）：（説得される）

②Aの言うことを認めてください。

④同意してください。

(A is from the sales department of X company and B is from the sales department of Y company.)

A： (To persuade B)
　　① Tell B that, as you previously explained, your company's video camera completely out-performs those of other companies.
　　③ Get B to agree with you. Then sell the camera, saying that as the world's smallest video camera it meets consumers' needs.

B： (To be persuaded)
　　② Accept what A says.
　　④ Agree with A.

2.　A（X社社員）：（説得される）

①ガンの新薬の共同開発の件は難しいとBに言ってください。

③Bの主張を受け入れてください。

B（Y社社員）：（説得する）

②優秀な研究員が多いX社だから、この新薬の有望なことはよくわかっているだろうと信頼を示してください。

④お礼を言ってください。

(A is from X company and B is from Y company.)

A： (To be persuaded)
　　① Tell B that the joint development of a new cancer drug will be difficult.
　　③ Accept B's point.

B： (To persuade A)
　　② Show A your faith in his company, saying that with their excellent researchers they will be able to develop the new drug.
　　④ Thank A.

STAGE 2

【社内】

赤字削減策

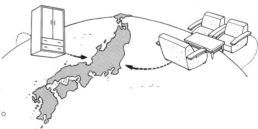

A（部下）

B（部長）

1.　**CDを聞いて、質問に答えてください。**

1)　部下は部長にどんな提案をしましたか。

2)　部長はどんな意見ですか。

3)　だれがだれを説得していますか。

有望な　ゆうぼうな　promising　　赤字削減　あかじさくげん　deficit reduction

2.　もう一度 CD を聞いてください。

3.　スクリプトを完成してください。

A：　部長、赤字削減策の件なんですが……

B：　ああ、何だね。

A：　わが社の家具は現在 X 国と Y 国の工場で 45％、残りは日本国内で生産されています。コストを考えると、今後生産を X 国と Y 国に全面的に <u>（控えめに主張する）</u>_____。

B：　<u>（ほめる）</u>_____……

A：　何か問題がありますか。

B：　コストの面では、有効かもしれないよ。だが、品質管理の面では、<u>（強く疑問を述べる）</u>_____。その点に不安があるから、現在高級品は全て国内生産にしているんだし。一度失敗して製品の信用を失うと元も子もなくなってしまうからね。

A：　部長の <u>（意見を受け入れる）</u>_____。<u>（意見を認める）</u>_____、品質の維持は重要なことです。<u>（反対する）</u>_____、赤字解消のためには、ぜひとも経費削減が必要ですし、そのためには現地生産への全面移行をやらなければならない <u>（否定的意見を述べる）</u>_____。

B：　それはわかるが、品質管理についてはどうするのかね。

A：　現在国内で生産に従事している者を指導者として現地工場に派遣したらどうでしょうか。工場の全ての部門に配置するのです。

B：　なるほど。そうすれば、きちんとした品質管理ができるかもしれないね。

A：　それに、国内の工場用地の売却益は、移転の費用を差し引いても相当な額になります。それで赤字もほぼ解消できます。

B：　その点は裏付けがあるのかね。

A：　はい。（部長にデータを見せる）これをご覧ください。これは現地生産に全面的に移行する場合の費用の試算です。これが売却益の試算です。そして、これは、新しい現地工場の品質管理システムのレポートです。これをご覧になれば、部長も現地での品質管理が可能だと <u>（同意を求める）</u>_____。

B：　ああ、このデータか。じゃあ、このレポートを見てから、結論を出すことにしよう。

A：　部長に <u>（決定を一任する）</u>_____。

面 めん aspect　　品質管理 ひんしつかんり quality control　　信用 しんよう trust　　元も子もなくなる もともこもなくなる suffer a total loss　　赤字解消 あかじかいしょう deficit liquidation　　従事する じゅうじする engage　　派遣する はけんする send（a person）　　工場用地 こうじょうようち factory site　　売却益 ばいきゃくえき profit on sales　　移転 いてん moving　　差し引く さしひく deduct　　裏付ける うらづける support　　試算 しさん trial calculation

4.　もう一度CDを聞いて、自分の書いた表現と比べてください。

5.　ロールプレー

A（部下） (Subordinate)	B（部長） (Manager)
①Bにインドネシア市場は有望だと言って、支店の開設を控えめに主張してください。 Gently point out that opening a branch office in Indonesia is a good idea because the market is promising. ③Bの言うことを受け入れてから、市場開拓のためには支店開設が必要だと言ってください。 Accept what B says but tell him that opening a branch office is necessary in order to develop this new market. ⑤出張所のほうがリスクが少ないかもしれないが、新しい市場を確実に開拓するためには投資も必要だし、インドネシア市場に進出できれば、年間10億円の利益が見込めると言ってください。 Tell B that using an agency may be less risky but immediate investment is necessary to develop the market. Tell B that a profit of one billion yen can be expected if the company succeeds in making inroads into the Indonesian market. ⑦Bにインドネシア市場での他社の利益のグラフを見せて、支店開設に同意を求めてください。 Show B the graph of profits which other companies have made in Indonesia and ask him to agree to opening a branch office. ⑨Bに任せると言ってください。 Tell B you will wait for his decision.	②Aの意見をほめてから、市場開拓の面ではわかるが、費用の面ではもっと慎重に検討する必要があると言ってください。 Praise A's point and tell him that you understand him in terms of market development, but careful consideration should be given in terms of cost. ④Aの言うことを受け入れてから、はじめは出張所のほうが費用もかからないし、リスクも少ないと言ってください。 Accept what A says but tell him that opening a small bureau would be less expensive and less risky as well. ⑥数字の裏付けがあるか聞いてください。 Ask A if he has any facts and figures to support his opinion. ⑧グラフを見てからもう一度検討しようと言ってください。 Tell A you will give your opinion on the idea after looking at the graph again.

インドネシア市場の利益

出張所　しゅっちょうじょ　small bureau　　支店　してん　branch office

【社外】

CD 「マイティークッカー」の売り込み
42
　A（X 社社員）
　B（Y 社社員）

1.　**CD を聞いて、質問に答えてください。**
　　この売り込みは成功しましたか、失敗しましたか。

2.　**もう一度 CD を聞いてください。**

3.　**スクリプトを完成してください。**
　　A：　すみません。お待たせしまして。
　　B：　いえいえ。それで、早速ですが、当社の開発しました、材料を入れて料理名を
　　　　入力すれば、料理ができあがる「マイティークッカー」を販売していただく件、
　　　　いかがでしたでしょうか。
　　A：　そのことですが、当社としては、もう少し価格を下げていただければと思うん
　　　　ですが。
　　B：　いやあ、でも他社の商品と性能を比較していただければ、高くはない <u>（否定的な</u>
　　　　<u>意見を述べる）　　　　　　　　　　　　　　　　</u>……最近の消費者は、性能が優れて
　　　　いるものを何よりも求めているようですから。
　　A：　そうかもしれませんが、この価格ですと、<u>（遠回しに否定する）　　　　　　　　</u>。
　　B：　先日ご覧いただいたように、性能のよさを考えますと、お買い得の商品だと思
　　　　います。その点は十分ご理解いただけた <u>（自信を示す）　　　　　　　　　　</u>
　　　　<u>　　　　　　　　　　　　　</u>。
　　A：　そうですねえ。
　　B：　<u>（相手への高い評価を示す）　　　　　　　　　　　　　</u>、この商品の将来性は
　　　　よくおわかりになっていると <u>（信頼を示す）　　　　　　　　　　　</u>……
　　A：　まあ、それは、ねえ。
　　B：　御社のようなところには、こうした商品こそ必要だと <u>（同意を求める）　　　　</u>
　　　　<u>　　　　　　　　　　　　　</u>。
　　A：　それは言えるかもしれません。この価格でもやむを得ないということですか。
　　　　よくわかりました。

4.　**CD を聞いて、自分の書いた表現と比べてください。**

お買得 おかいどく bargain　　見る目 みるめ judgment　　将来性 しょうらいせい promising

5.　ロールプレー

A（X社総務部員） (From the general affairs department of X company)	B（Y社営業部員） (From the sales department of Y company)
①自社を訪ねてきたBにあいさつしてください。 Greet B, who is visiting your company.	
	②Aにあいさつをして、先日依頼した自社の新しい品質管理ソフトの採用について聞いてください。 Greet A and ask him if his company will use the new quality control software your company recommended the other day.
③もう少し価格を下げるように言ってください。 Tell B to make the price a little lower.	④価格は十分安くしているし、他社の同種のソフトよりもずっと優れているので、けして高くないと言ってください。 Tell A that the price is not high, since the software is reasonably priced and outperforms that of other companies.
⑤もう一度、この価格では採用が難しいと言ってください。 Tell B that the proposed price will be difficult to accept.	⑥このシステムは他社では開発できないと言って自信を示してください。 Show your confidence by saying that no other company will be able to develop this kind of system.
⑦同意してください。 Acknowledge what B says.	⑧X社の見る目に信頼を示して、このソフトの有利な点がわかっているだろうと言ってください。 Show your faith in the judgment of X company by saying they will certainly recognize the advantages of the software.
⑨Bの言うことを認めてください。 Accept what B says.	⑩X社の海外工場で必要だろうと言って同意を求めてください。 Get A to agree that his company's overseas factories will need the system.
⑪Bの売り込みを受け入れてください。 Agree to buy the software.	

STAGE 3 ◦◦

1. 海外進出計画

A：部下

あなたの会社は業績拡大のため海外進出を考えています。Ｃ国市場への進出を主張してください。

A：Subordinate

Your company intends to make inroads overseas in order to expand business. Say the company should go into the nation of C's market.

B：課長

あなたの会社は業績拡大のため海外進出を考えています。部下ＡがＣ国市場への進出を主張します。問題点を指摘し、最後はＡを説得してください。

B：Manager

Your company intends to make inroads overseas in order to expand business. A makes his point that the company should go into the nation of C's market. Tell A the problems with his opinion. Lastly, dissuade A.

Aのメモ　　　　　　　Bのメモ

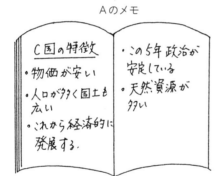

2. 家具の通信販売

A：同僚

あなたの会社では家具部門の販路拡大をしようとしています。新しく通信販売を始めようと主張し、反対するＢを説得してください。

A：Colleague

Your company is going to increase the sales routes of its furniture department. Suggest beginning a mail-order service and try to convert B to the idea.

B：同僚

あなたの会社では家具部門の販路拡大をしようとしています。新しく通信販売を始めようというＡに反対してください。

B：Colleague

Your company is going to increase the sales routes of its furniture department. Disagree with A, who wants to start a mail-order service.

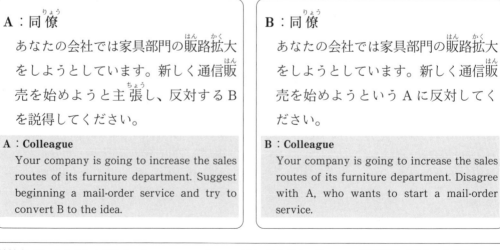

業績拡大 ぎょうせきかくだい business expansion　　国土 こくど territory　　天然資源 てんねんしげん natural resources　　クーデター coup d'état　　販路拡大 はんろかくだい market expansion

Aのメモ　　　　　　　　　　Bのメモ

・店舗を作る→
費用がかかり人件費
も高い。
・通信販売→
全国的に売る
ことができる。

・家でゆっくり
カタログを見て選
べるので忙しい
人向き。

通信販売の問題点
① カタログを作ったり
宣伝したりする
費用がかかる。

② 実際に見て
選べないから高級
品は売れない。

3. ウォーターヘッドホンステレオのセールス

A：X社営業部員

Y電器店にウォーターヘッドホン
ステレオを効果的に売り込んでくださ
い。

**A：Member of the sales department in X
company**
Sell a Water Headphone Stereo to Y
electrical appliance shop.

B：Y電器店店員

AがウォータヘッドホンステレオΩ
売り込みに来ました。Aの売り込み
に対し、色々質問をしますが、最後は
売り込みを受け入れてください。

B：Assistant at Y electrical appliance shop
A has visited you to sell a Water
Headphone Stereo. Ask A various questions
about the product. Finally agree to buy it.

ウォーターヘッドホンステレオのパンフレット

ウォーターヘッドホンステレオ
・水中でも使える！
・水銀電池1個で96時間連続再生可能！
・カードサイズ、わずか40g！
　価格　　　　　　￥54,800

店舗　てんぽ　shop　　水銀電池　すいぎんでんち　mercury battery　　わずか　only

4. 「ほんやくじん」のセールス

A：X社営業部員

新しい翻訳機の売り込みにY社へ来ました。翻訳機のパンフレットをBに見せて効果的に売り込んでください。

A：Member of X company's sales department
You have visited Y company to sell a new translator. Show B a brochure and sell the product.

B：Y社営業部員

Aが新しい翻訳機の売り込みに来ました。パンフレットを見て色々質問してください。最後は売り込みを受け入れてください。

B：Member of Y company's sales department
A has visited to try and sell you a new translator. Look at the brochure and ask him questions. Finally, agree to buy the translator.

> **ほんやくじん**
> ・音声入力、音声応答。
> （文字入力はできない）
> ・タバコの箱の大きさにおりたためる。
> ・12カ国語に翻訳できる。
> ・価格　¥49,800

STAGE 4　━━━━━━━━━ ビジネスシミュレーション

次のトピックの中から一つ選んで、会社の同僚とそれについて話し合ってみてください。どんな表現で説得したか（または説得されたか）下に書いてください。

1. マルチメディアの積極的利用
2. 制服着用
3. フレックスタイム制の導入
4. 今、あなたの職場で話題になっていること

説得のための戦略

1. 話す目的を明確にする

準備を十分にしておき、途中で話がそれないように気をつける。

2. 話は段階的に進める

一般的な話題から始め、専門的な話題に、また単純なことから話しはじめ、複雑な難しいことへ話を進めていく。

3. 相手と共有できる話題を見つけて、親しい雰囲気を作る

相手との間に共通部分を見つけることは、説得成功のために一番重要なことである。相手の立場に立って話し、相手の注意を引く話題を探さなければならない。

4. 話すときは相手の目を見て話す

「目は口ほどにものを言い」ということわざがあるが、相手の目を見ずに話すと非常に印象が悪くなる。

5. わかりやすい言葉を使い、相手の気持ちに訴えて話を終えるようにする

説得とは論理的に議論して、相手に勝つことではなくて、相手の心を動かして、自分の意見を受け入れさせることである。そのためには相手への信頼を示し、相手をほめ、相手の助力を求める態度を忘れないようにする。

これが、説得の重要な戦略である。

第7課　クレーム

　　ビジネス活動の中で、なければいいと思うのはクレームでしょう。しかし、実際にクレームが発生することは少なくありません。クレームには、それをつける側と処理する側がありますが、どちらの側でもその対応には十分注意しなければなりません。一歩その処理を誤ると長年続いていた取引先とのビジネス関係がこわれることになります。クレームで大切なことはその対応を適切に処理するのはもちろん、一度つけられたクレームが再発しないようにすることです。

STAGE 1

A. 様子・状態を言う

1. 強い表現

CD 43 会話

> A：　①こちらが希望したサンプルとは違っていたんですが……
> B：　そうですか。②大変申し訳ございません。

練習1　1)　①説明書が入っていなかった　　②大変申し訳ありません
　　　　2)　①ケースがこわれていた　　　　②大変申し訳ございません
　　　　3)　①色が違っていた　　　　　　　②まことに申し訳ございません

練習2　A（X社社員）：①Bにサンプルを頼んだのに、商品が送られてきたので、そのことを言ってください。
　　　　B（Y社社員）：②謝ってください。

（A is from X company and B is from Y company.）
A：① Tell B that you asked him to send you trade samples but he sent you goods instead.
B：② Apologize to A.

説明書　せつめいしょ　manual　　ケース　case　　謝る　あやまる　apologize

2. 弱い表現

CD 44 会話

> A：　①先日送っていただいた MX−200 が不良品のようなんですが……
> B：　②それは大変申し訳ございません。

練習1　1)　①今朝着いた電卓が不良品の
　　　　　　②大変申し訳ありません

　　　　2)　①送っていただいた部品の数が不足している
　　　　　　②大変申し訳ございません

　　　　3)　①請求書の金額が違っている
　　　　　　②まことに申し訳ございません

練習2　A（X 社社員）：①B に注文した温風ヒーターが届きましたが、ファンが回ら
　　　　　　　　　　　　ないので、そのことを言ってください。
　　　　B（Y 社社員）：②謝ってください。

（A is from X company and B is from Y company.）
A：① Tell B that the heater you ordered has been delivered but the fan doesn't work.
B：② Apologize to A.

B.　確認する

1. 強い表現

CD 45 会話

> A：　当社が①発注したのは、②PC−7E でしたね。　③PC−7B が届いて
> 　　　いるんですが……
> B：　そうですか。③PC−7B が届いているんですか。申し訳ございません。

練習1　1)　①発注した　　　②紳士用　　　③婦人用
　　　　2)　①お願いした　②海外仕様　　③国内仕様
　　　　3)　①注文した　　②黒　　　　　③赤

電卓 でんたく calculator　　部品 ぶひん parts　　不足する ふそくする be short　　請求書 せいきゅうしょ bill
金額 きんがく amount of money　　温風ヒーター おんぷうヒーター fan heater　　ファン fan　　発注する
はっちゅうする order　　紳士 しんし man　　婦人 ふじん woman

練習2　A（X社社員）：①Bに200ボルト用のドライヤーを注文したのに、100ボル
　　　　　　　　　　　　ト用のものが送られてきました。確認をして、クレームを
　　　　　　　　　　　　つけてください。
　　　　　B（Y社社員）：②届いているものが100ボルト用のドライヤーであること
　　　　　　　　　　　　を確認して、謝ってください。

（A is from X company and B is from Y company.）
A：① You ordered 200-volt driers but B sent 100-volt driers instead. Confirm that you
　　　ordered 200-volt driers and then complain about B's mistake.
B：② Confirm that you sent 100-volt driers by mistake and then apologize to A.

2.　弱い表現

CD 46　会話

> A：　①新型プリンターの納品は②20日ではなかったでしょうか。
> B：　ああ、そうでした。②20日でしたね。まことに申し訳ございません。

練習1　1)　①XL－55の納品　　　②10日
　　　　2)　①支払い　　　　　　②手形
　　　　3)　①連絡　　　　　　　②昨日の午前中

練習2　A（X社社員）：①Bに商品の支払いは小切手であることを確認してください。
　　　　B（Y社社員）：②支払いは小切手であることを確認して、謝ってください。

（A is from X company and B is from Y company.）
A：① Confirm with B that goods are paid for by cheque.
B：② Confirm that goods are paid for by cheque and then apologize to A.

C.　たずねる

1.　強い表現

CD 47　会話

> A：　どうして①連絡していただけなかったんでしょうか。
> B：　申し訳ございません。②調査に手間どっておりまして……

練習1　1)　①納期が遅れている
　　　　　　②生産工程にトラブルがござい（まして）
　　　　2)　①値引率が10％な（んでしょうか）
　　　　　　②当方のミスでござい（まして）
　　　　3)　①SS－10Aばかりな（んでしょうか）
　　　　　　②SS－10Bは在庫切れでござい（まして）

ボルト volt　　ドライヤー drier　　クレーム complaint　　新型 しんがた new model　　プリンター printer
納品 のうひん delivery　　手形 てがた note　　連絡 れんらく contact　　小切手 こぎって bank cheque
手間どる てまどる take time　　生産工程 せいさんこうてい production process　　トラブル trouble　　当方
とうほう we　　ミス mistake　　在庫切れ ざいこぎれ out of stock

練習 2　A（X 社社員）：①在庫についての返事がないので、B にたずねてください。

　　　　B（Y 社社員）：②返事をしなかったことを謝り、現在調査中だと言ってく

　　　　　　　　　　　　ださい。

（A is from X company and B is from Y company.）

A：① You were supposed to receive a reply about stock from B but he did not reply. Ask
　　　him what happened.

B：② Apologize to A about not replying and tell him that you are checking the stock
　　　now.

2.　弱い表現

CD
48
会話

> A：　①そちらから連絡をいただくことになっていたんですが、どうなっ
>
> 　　　ているんでしょうか。
>
> B：　すみません。②在庫調査に時間がかかっておりまして……

練習 1　1）　①不良品を取り替えて　　②配送が混ん（で）
　　　　2）　①値引率を知らせて　　　②検討に時間がかかっ（て）
　　　　3）　①昨日ご返事を　　　　　②上司が出張し（て）

練習 2　A（X 社社員）：①B に注文した商品は 2 日前に納品してもらうことになっ

　　　　　　　　　　　　ていたのに、来ないので、たずねてください。

　　　　B（Y 社社員）：②謝ってから、発送会社にミスがあったことを言ってくだ

　　　　　　　　　　　　さい。

（A is from X company and B is from Y company.）

A：① The goods ordered from B were supposed to be delivered two days ago but they
　　　have not arrived yet. Ask B what happened.

B：② Apologize to A first and then tell him that the shipping company made a mistake.

D.　依頼する

CD
49
会話

> A：　①不良品の分の商品をすぐ送っていただけますか。
>
> B：　②はい、早速送らせていただきます。

練習 1　1）　①新しい商品を手配し（て）　　②すぐに、手配さ（せて）
　　　　2）　①不良部品を取り替え（て）　　②至急、お取り替えさ（せて）
　　　　3）　①この件を解約し（て）　　　　②そのようにさ（せて）

配送 はいそう delivery　　出張する しゅっちょうする go on a business trip　　依頼する いらいする request
～の分 ～のぶん part　　手配する てはいする prepare　　至急 しきゅう urgent　　件 けん matter　　解約する
かいやくする cancel

練習2　A（X社社員）：①（Bにミルつきのコーヒーメーカーを注文したのに、ミルなしのものが届きました。）ミルつきのコーヒーメーカーを送るように依頼してください。

B（Y社社員）：②ミルつきのコーヒーメーカーを送ると言ってください。

(A is from X company and B is from Y company.)

A：① You ordered coffee makers with a mill from B company but those without have arrived. Ask B to send those with a mill.

B：② Tell A that you will send coffee makers with a mill.

E.　念を押して要求する

CD 50　会話

A：　今後このようなことがないように①注意してください。

B：　はい。ご迷惑をおかけしまして申し訳ございませんでした。②以後注意いたします。お電話ありがとうございました。

練習1　1)　①注意し（て）　　②これから注意いたします

2)　①気をつけ（て）　　②今後気をつけるようにいたします

3)　①配慮し（て）　　②再びこのようなことがないようにいたします

練習2　A（X社社員）：①二度と同じことがないように要求してください。

B（Y社社員）：②以後注意すると約束し、電話してくれたことにお礼を言ってください。

(A is from X company and B is from Y company.)

A：① Demand that B not make the same mistake again.

B：② Promise A to be more careful after this and thank him for calling you.

ロールプレー

1.　A（X社社員）：①Bに頼んだサンプルが1週間たっても届かないのでたずねてください。

B（Y社社員）：②謝ってから、社内の連絡ミスがあったことを言ってください。

(A is from X company and B is from Y company.)

A：① You asked B to send trade samples to you one week ago but they have not arrived yet. Ask B what happened.

B：② Apologize to A first and then tell him that there was a communication breakdown in the office.

ミル　mill　　念を押す　ねんをおす　remind　　要求する　ようきゅうする　demand　　迷惑をかける　めいわくをかける　cause trouble　　配慮する　はいりょする　consider　　再び　ふたたび　again　　以後　いご　after this

2.　A（X 社社員）：①B にアナログタイプの時計を注文したのに、デジタルタイプのもの
　　　　　　　　　　　が送られてきました。確認してクレームをつけてください。

　　　B（Y 社社員）：②A からの注文がアナログタイプの時計であることを確認して、謝
　　　　　　　　　　　ってください。

（A is from X company and B is from Y company.）
A：① You ordered analogue-type watches from B but he sent digital-type ones instead. Confirm that
　　you ordered analogue-type watches and then complain to B about his mistake.
B：② Confirm that A ordered analogue-type watches and then apologize to him.

3.　A（X 社社員）：①（B にタイマー付きのラジオを注文したのに、タイマーなしのラジ
　　　　　　　　　　　オが届きました。）タイマー付きのラジオを送るように B に依頼し
　　　　　　　　　　　てください。

　　　B（Y 社社員）：②タイマー付きのラジオを手配し、送ると言ってください。

（A is from X company and B is from Y company.）
A：① You ordered radios with a timer from B but those without have arrived instead. Ask B to send
　　those with a timer.
B：② Tell A that you will prepare radios with a timer and send them.

4.　A（X 社社員）：①B に注文した、びん入りジャム 25 個のうち 2 個が割れていたので、
　　　　　　　　　　　そのことを言ってください。

　　　B（Y 社社員）：②謝ってください。

（A is from X company and B is from Y company.）
A：① Tell B that two of the 25 jars of jam ordered from his company are broken.
B：② Apologize to A.

5.　A（X 社社員）：①今後二度とこのようなことがないように要求してください。

　　　B（Y 社社員）：②以後注意すると約束し、電話のお礼を言ってください。

（A is from X company and B is from Y company.）
A：① Demand that B not make the same mistake again.
B：② Promise A to be more careful after this and thank him for calling you.

6.　A（X 社社員）：①AC−DC コンバーターの不良品の取り替えを依頼してください。

　　　B（Y 社社員）：②謝ってから、不良品を取り替えに行くと言ってください。

（A is from X company and B is from Y company.）
A：① Ask B to exchange bad AC–DC converters for good ones.
B：② Apologize to A first and tell him you will come to exchange the converters.

アナログタイプ analogue type　　デジタルタイプ digital type　　タイマー timer　　びん jar　　ジャム jam

STAGE 2 ━━━━━━━━━━━━━━━━━━━━━━━━━━━━━━━

CD 51 会話（1）　電気毛布のクレーム

A（田中　アルファ家電店員）

B（竹田　メーカーの社員）

1.　CD を聞いて、質問に答えてください。

1)　田中さんのクレームは何ですか。

2)　竹田さんはそのクレームに対してどうしますか。

2.　もう一度 CD を聞いてください。

3.　スクリプトを完成してください。

A：　アルファ家電の田中ですが、営業課の竹田さんをお願いします。

B：　ああ、田中さん。竹田です。いつもお世話になっております。

A：　いいえ、こちらこそ。あの、実はお宅の電気毛布『ぬくぬく』を買ったお客さんから、熱くなりすぎてやけどしそうになった（苦情を伝える）_____

_____。

B：　それは申し訳ございません。

A：　こんなことは今までになかったんですが……

B：　そうですね。

A：　それで、お客さんがその電気毛布を当店へ持って来られたので調べてみたんですが、どうもサーモスタットが作動しない（状態を言う）_____。

B：　ああ、そうですか。それは大変ご迷惑をおかけしました。

A：　で、新しいのをすぐ（依頼する）_____。

B：　はい、早速、新しいのをお持ちいたします。不良品は持ち帰りまして、原因を調査いたしますので。

A：　そうですね。そうしてください。

B：　はい。原因がわかり次第ご報告いたします。（謝る）_____

_____。

4.　もう一度 CD を聞いて、自分の書いた表現と比べてください。

家電　かでん　household appliance　　営業課　えいぎょうか　sales section　　お世話になる　おせわになる　help
お宅　おたく　you (polite)　　電気毛布　でんきもうふ　electric blanket　　やけど　burn　　苦情　くじょう
complaint　　当店　とうてん　our shop　　サーモスタット　thermostat　　作動する　さどうする　work

5.　ロールプレー

A（電気店店員） （Assistant at an electrical appliance shop）	B（メーカー社員） （An employee of a manufacturing company）
①CD プレーヤーを買ったお客さん数人から、音がとぶというクレームがありました。そのことを伝えてください。 You have received complaints from several customers about CD players they bought from you. When they play CDs there are sound gaps.	②謝ってください。 Apologize to A.
③調べてみましたが、原因がわからないので引き取りに来るように言ってください。 You have checked the trouble but are unable to find the cause. Tell B to come and pick up the CD players.	④もう一度謝り、すぐに引き取りに行って調査すると言って最後にもう一度謝ってください。 Apologize to A again and tell him that you will come to pick up the CD players and check them. Then apologize once more.

CD **会話（2）　請求書に関するクレーム**
52
A（上山　第一印刷社員）
B（吉田　家電メーカー社員）

1.　CD を聞いて、質問に答えてください。

1）　上山さんのクレームは何ですか。

2）　吉田さんはそのクレームに対してどうしますか。

2.　もう一度 CD を聞いてください。

3.　スクリプトを完成してください。

A：　第一印刷の上山ですが、吉田さん、いらっしゃいますか。

B：　はい、吉田です。いつもお世話になっております。

A：　こちらこそ。あの、ひとつ＿（確認する）＿＿＿＿＿＿＿＿＿＿＿。
　　　御社の支払いは月末締めの翌月末払いでしたね。

B：　ええ、さようでございますが。

電気店 でんきてん electrical appliance shop　　店員 てんいん shop assistant　　CD プレーヤー CD player
とぶ be a gap　　　メーカー manufacturing company　　印刷 いんさつ printing　　　月末締め げつまつじめ
end-of-the-month accounting　　翌月末払い よくげつまつばらい payment by the end of next month

A：　新型テレビ TV－2000 の取扱い説明書印刷代の件なんですが、2月3日付けで
　　　請求書をお送りしたんですが、4月5日現在まだお支払いいただいていない
　　　（状態を言う）　　　　　　　……

B：　そうですか。それは申し訳ございません。早速、経理課に問い合わせまして、
　　　折り返しお電話いたします。請求書番号がわかりますでしょうか。

A：　えーと、S－560 です。

B：　S－560 ですね。

A：　ええ、そうです。お電話は今日の午後2時までに（依頼する）　　　　　　　
　　　　　　　　　　　　。それ以降ですと社を出ておりますので。

B：　はい。承知いたしました。必ず2時までにご返事いたします。

A：　じゃ、お願いします。

4. もう一度 CD を聞いて、自分の書いた表現と比べてください。

5. ロールプレー

A：コンビニエンスストア店員 （Assistant at a convenience store）	B：メーカー社員 （Employee of a manufacturing company）
①オレンジジュースをBに注文し、月末に請求書が来ました。10ケース注文した場合は15%の値引きという約束を確認してください。 You ordered orange juice from B and received the bill at the end of last month. Confirm that a 15% discount is applied when 10 cases are ordered.	②その通りだと言って確認してください。 Agree that there is a 15% discount.
③請求書には全然値引きされていないとクレームをつけてください。 Complain to B that the discount has not been included on the bill.	④こちらの間違いだと言って謝ってください。 Tell A that it was your mistake and apologize.
⑤正しい請求書を送り直すよう依頼してください。 Ask B to send the correct bill.	⑥すぐに正しい請求書を送ると言ってください。 Tell B that you will send the correct bill immediately.

取扱い説明書　とりあつかいせつめいしょ instruction manual　　経理課　けいりか accounts section　　問い合わせる
といあわせる inquire　　折り返し　おりかえし by return　　以降　いこう after　　社　しゃ（my）company
承知する　しょうちする understand　　コンビニエンスストア convenience store

STAGE 3

1. コーヒーカップセット破損のクレーム

A：小売店店員

メーカーのBに注文したコーヒーカップセットが割れて届きました。これで3度目です。クレームをつけてください。

A：Assistant at a retail shop
The sets of coffee cups you ordered from B have arrived but they are all broken. This is the third time. Complain to B.

B：メーカー社員

小売店のAにコーヒーカップセットを発送しましたが、Aから割れて届いたというクレームがありました。原因と対応方法を考えてクレームを処理してください。

B：Employee of a manufacturing company
You sent sets of coffee cups to A, but he's complained that they are all broken. Think why that happened, how to respond to A's complaint, and deal with it.

2. 依頼の電話がなかったというクレーム

A：X社社員

価格の引き下げの件で取引先のBに電話をくれるように言っていたのに、電話がありませんでした。Bにクレームをつけてください。
（引き下げの件の結論は今日中に必要）

A：From X company
You asked B to call you about a price reduction but he failed to do so. Complain to B, telling him that the matter of the price reduction should be concluded today.

B：Y社社員

価格の引き下げの件で取引先のAに電話をすることになっていたのに、しませんでした。それに対してAからクレームがありました。以下の状況を説明して、クレームを処理してください。

（状況）・緊急の用件があった
　　　　・引き下げの件は上司が検討している
　　　　・結論は今日中に出す

B：From Y company
You were supposed to call A about a price reduction but you didn't. You have received a complaint from him. Explain to him about your situation (see below) and deal with his complaint.
Situation：・There was urgent business.
　・Your superior is looking into the price reduction.
　・You can let A know today.

小売店 こうりてん retail shop　処理する しょりする deal with　緊急の きんきゅうの urgent　用件 ようけん business

3.　ビールが納品(のう)されなかったというクレーム

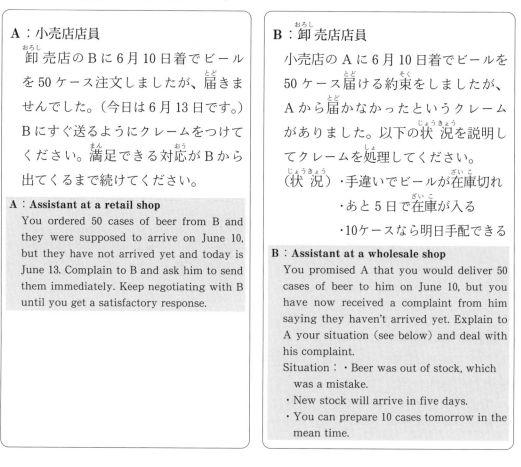

A：小売店店員

　卸(おろし)売店のBに6月10日着でビールを50ケース注文しましたが、届(とど)きませんでした。（今日は6月13日です。）Bにすぐ送るようにクレームをつけてください。満足(まん)できる対応(おう)がBから出てくるまで続けてください。

A：Assistant at a retail shop

You ordered 50 cases of beer from B and they were supposed to arrive on June 10, but they have not arrived yet and today is June 13. Complain to B and ask him to send them immediately. Keep negotiating with B until you get a satisfactory response.

B：卸(おろし)売店店員

　小売店のAに6月10日着でビールを50ケース届(とど)ける約束(そく)をしましたが、Aから届(とど)かなかったというクレームがありました。以下の状況(じょうきょう)を説明してクレームを処理(し)してください。

（状況(じょうきょう)）・手違(て)いでビールが在庫(ざいこ)切れ
　　　　　・あと5日で在庫(ざいこ)が入る
　　　　　・10ケースなら明日手配できる

B：Assistant at a wholesale shop

You promised A that you would deliver 50 cases of beer to him on June 10, but you have now received a complaint from him saying they haven't arrived yet. Explain to A your situation (see below) and deal with his complaint.

Situation：・Beer was out of stock, which was a mistake.

・New stock will arrive in five days.

・You can prepare 10 cases tomorrow in the mean time.

STAGE 4 ════════════════════════ ビジネスシミュレーション

1.　クレームをつけたことやクレームに対応(おう)したことがありますか。もしあればどんな内容(よう)だったか、書いてください。

2.　会社で他の人がクレームをつけるときや、クレームに対応(おう)するときにどんな表現を使っているか、気をつけて聞いてください。そして書いてください。

卸売店　おろしうりてん　wholesale shop　　着　ちゃく　arrival　　満足できる　まんぞくできる　satisfactory　　状況
じょうきょう　situation　　手違い　てちがい　mistake

クレームの処理

　クレームはビジネスを行う上で避けられないものである。それが発生したときにはクレームを受ける人が責任を持って適切に処理することが求められる。もしクレームの処理に失敗すれば、その会社の評判を落とすことになりかねない。それ故、クレームをいかにうまく処理するかは非常に大切なことなのである。以下、クレームの処理の主なポイントをあげてみよう。

1. まず謝る

　「ご迷惑をおかけいたしまして、まことに申し訳ございません」などのことばで謝り、相手のクレームを受け入れる姿勢を示す。

2. 相づちを打ちながら聞く

　相手の言うことに誠意をもって耳を傾けているという気持ちを伝えるために、適切に相づちを打つ。

3. 言い訳をしない

　相手がクレームをつけているときに、こちら側の言い訳をしようとすると相手の感情をますます悪くし、処理が難しくなる。

4. 処理を早くする

　クレームを受けたあとは、その処理をすばやくする。必ず、いつまでにどのようにするのかを相手に伝え、そのとおりに処理する。

5. お礼を言う

　一般的にだれも嫌なこと（クレーム）は言いたくないものである。そこをあえて言ってくれた相手に感謝する。

第8課　プレゼンテーション

　　プレゼンテーションの目的は、話し手がそのメッセージを聞き手に100%伝え、聞き手に行動を起こさせることです。そのためにはメッセージの内容、話し方、説得力などが大切な要素です。メッセージの内容は話し手の意図が聞き手に正確に伝わるものでなければならないし、話し方は単に話術だけではなく、ボディランゲージを含みます。また、説得のためのストラテジーも必要です。つまり、これらの要素をお互いにうまく作用させることで結果的にいいプレゼンテーションができるのです。

STAGE 1

A. 導入

<table>
<tr><td>〔Ⅰ　あいさつ〕</td><td>私、①<u>IME の今井</u>と申します。どうぞよろしくお願いいたします。</td></tr>
<tr><td>〔Ⅱ　目　的〕</td><td>本日は②<u>当社新製品</u>についてプレゼンテーションをさせていただきます。</td></tr>
<tr><td>〔Ⅲ　時間配分〕</td><td>お話しする時間は③<u>およそ 10 分</u>でございます。なお、ご質問は④<u>終了時</u>にお願いいたします。</td></tr>
</table>

練習1　1)　①（社名）の（名前）

　　　　②当社の開発しましたニュー・システム・キッチン

　　　　③約 15 分

　　　　④プレゼンテーションが終わりましてから、お願いいたします

　　　2)　①（社名）、（部署名）の（名前）

　　　　②今後の研究・開発

　　　　③だいたい 15 分

　　　　④いつでもご自由にどうぞ

　　　3)　①（部署名）の（名前）

　　　　②長期休暇制度導入

　　　　③15 分少々

　　　　④のちほど時間をもうけますので、その時にお願いいたします

プレゼンテーション presentation　　　配分 はいぶん allotment　　　終了時 しゅうりょうじ at the end　　　部署 ぶしょ department　　　研究 けんきゅう research　　　少々 しょうしょう a little more than　　　もうける provide

96

B.　本題

（a）全体→部分

CD 54

> 初めに①全体の特徴、次に②個々の機能、そして最後に③購入メリットについてお話しいたします。

練習1　1)　①開発の背景　　　　②主な機能　　　　　　③市場性
　　　　2)　①開発のコンセプト　②従来の製品との比較　③販売体制
　　　　3)　①需要の変化　　　　②ユーザーへの対応策　③収益性

（b）結論→理由

CD 55

> ①残業を許可制にするということをご提案いたします。
> その第一の理由は②経費削減の必要性があるということ。
> 第二の理由は③必要性・緊急性のない残業が増加しているということ。
> そして最後の理由は④残業に対する考え方を再認識する必要性があるということ。そこで、①残業を許可制にするということをご提案いたします。

練習1　1)　①銀座支店をやめて新橋支店に統合する
　　　　　　②両支店は場所が非常に近い
　　　　　　③利用客は銀座対新橋で3対7の割合になっている
　　　　　　④統合で余った行員を他支店の営業に使える
　　　　2)　①中途採用者を増やす
　　　　　　②すぐに戦力になる
　　　　　　③現社員の営業によい刺激になる
　　　　　　④短期の売上げ、利益増が期待できる
　　　　3)　①海外工場を作り、現地生産をする
　　　　　　②現地で原材料が簡単に手に入る
　　　　　　③生産コストが減り、利益増も期待できる
　　　　　　④現地の経済発展に役立つ

本題 ほんだい main subject　　特徴 とくちょう features　　個々の ここの individual　　背景 はいけい background　　市場性 しじょうせい marketability　　コンセプト concept　　販売体制 はんばいたいせい marketing system　　対応策 たいおうさく measure　　収益性 しゅうえきせい profitability　　再認識する さいにんしきする have a new appreciation of　　統合する とうごうする integrate　　利用客 りようきゃく user　　対 たい to　　営業 えいぎょう business　　中途採用者 ちゅうとさいようしゃ mid-career job-changer 戦力 せんりょく work force　　短期 たんき short period　　原材料 げんざいりょう raw material　　生産コスト せいさんコスト production costs （c）　ビジュアル提示

CD
56

> ここで、①こちらのグラフをご覧ください。②このグラフからおわかりの
> ように、③収益率が大幅に下がっております。

練習1　1）　①Aのグラフ　　　　②グラフ

　　　　　　③2割増となっ（て）

　　　2）　①この写真　　　　②写真

　　　　　　③色の違いがはっきりし（て）

　　　3）　①こちらの統計　　　②統計

　　　　　　③両者は同時に下がっ（て）

C.　クロージング

CD
57

> これまでお話ししてきました内容を要約いたしますと………
> 質問がございましたら、どうぞ。
> どうもありがとうございました。

練習1　1）　まとめ（ます）

　　　2）　一口で申しあげ（ます）

　　　3）　整理し（ます）

ビジュアル visual　　収益率 しゅうえきりつ rate of return　　統計 とうけい statistics　　要約する ようやくする
summarize　　一口で ひとくちで in a nut shell　　整理する せいりする sum up

STAGE 2 ▰▰

1. 新製品のプレゼンテーション

全体→部分の形式を使って、新製品についてプレゼンテーションをしてください。

プレゼンテーションに必要な項目

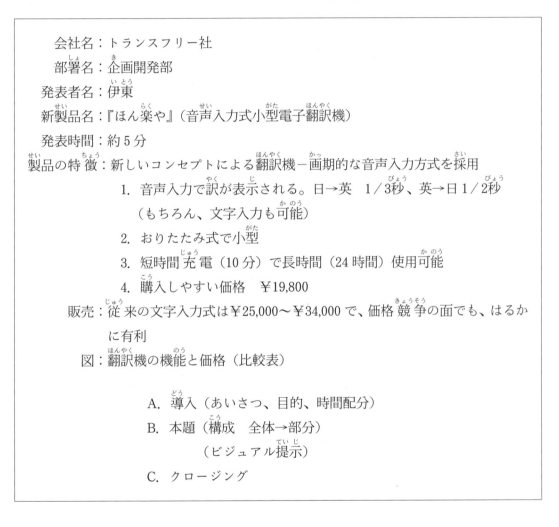

会社名：トランスフリー社

部署名：企画開発部

発表者名：伊東

新製品名：『ほん楽や』（音声入力式小型電子翻訳機）

発表時間：約5分

製品の特徴：新しいコンセプトによる翻訳機−画期的な音声入力方式を採用

1. 音声入力で訳が表示される。日→英　1／3秒、英→日1／2秒
   （もちろん、文字入力も可能）

2. おりたたみ式で小型

3. 短時間充電（10分）で長時間（24時間）使用可能

4. 購入しやすい価格　¥19,800

販売：従来の文字入力式は¥25,000〜¥34,000で、価格競争の面でも、はるかに有利

図：翻訳機の機能と価格（比較表）

A. 導入（あいさつ、目的、時間配分）

B. 本題（構成　全体→部分）
   （ビジュアル提示）

C. クロージング

形式 けいしき form　　項目 こうもく item　　企画開発部 きかくかいはつぶ planning and development department　　発表者 はっぴょうしゃ speaker　　電子 でんし electronic　　発表 はっぴょう presentation　　画期的な かっきてきな epoch-making　　競争 きょうそう competition　　はるかに fairly　　図 ず chart

比　較　表

会社		トランスフリー社	OK電気	ピーチ社	ブックマン社
機種		ほん楽や	ほん訳くん	訳し太郎	ほん訳マン
音声入力		○	×	×	×
文字入力		○	○	○	○
スピード	日→英	1/3秒	2秒	2秒	1/3秒
	英→日	1/2秒	1秒	2秒	1秒
おりたたみサイズ		B6	B6	B6	A5
重さ		250g	400g	420g	550g
再生時間		24時間	10時間	12時間	18時間
価格		¥19,800	¥27,000	¥26,500	¥34,000

スピード　speed

2. 提案のためのプレゼンテーション

結論→理由の形式を使って、新制度について社内会議でプレゼンテーションをしてください。

プレゼンテーションに必要な項目

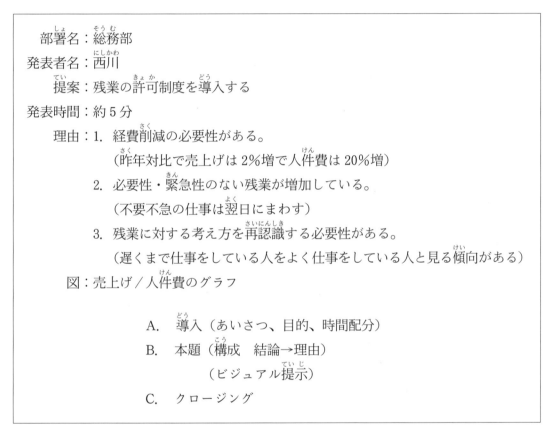

部署名：総務部

発表者名：西川

　　提案：残業の許可制度を導入する

発表時間：約5分

　　理由：1. 経費削減の必要性がある。
　　　　　　（昨年対比で売上げは2％増で人件費は20％増）

　　　　　2. 必要性・緊急性のない残業が増加している。
　　　　　　（不要不急の仕事は翌日にまわす）

　　　　　3. 残業に対する考え方を再認識する必要性がある。
　　　　　　（遅くまで仕事をしている人をよく仕事をしている人と見る傾向がある）

　　　　図：売上げ／人件費のグラフ

　　　　A.　導入（あいさつ、目的、時間配分）

　　　　B.　本題（構成　結論→理由）
　　　　　　（ビジュアル提示）

　　　　C.　クロージング

売上げ／人件費のグラフ

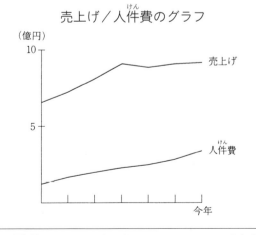

対比　たいひ　comparison　　不要不急の　ふようふきゅうの　non-essential　　まわす　postpone　　傾向　けいこう　tendency

101

STAGE 3 ▨▨▨

プレゼンテーションをするトピックを考え、以下のフォームを記入して発表してください。

会社名：

部署名：

発表者名：

トピック：

発表時間：

内容：

ビジュアル：

STAGE 4 ▨▨▨▨▨▨▨▨▨▨▨▨▨▨▨▨▨▨▨▨▨▨▨▨▨▨▨▨▨▨▨▨▨▨▨▨▨ ビジネスシミュレーション

実際にプレゼンテーションをしたことがありますか。もしあれば、クラスでもう一度やってみましょう。（よかった点や改良したほうがいい点をクラスのみんなに聞いてみてください。）

プレゼンテーション

　プレゼンテーションは社内や取引先への提案、新製品の発表などによく用いられる手法である。従って、プレゼンテーションができるということはビジネスマンにとって必要な能力と言える。効果的にプレゼンテーションを行うには色々なポイントがあるが、特に以下のことに注意するといいだろう。

1. 必要に応じて動く

　演台から離れないで話す人が多いようだが、時には必要に応じて聞き手の方に近づいたり、左右に移動したりする。

2. アイコンタクトを使う

　聞き手の方を見ないで原稿に目を向けたまま一方的に読むようなプレゼンテーションを見かけるが、これでは効果が期待できない。会場にいる聞き手の顔を平均に見ながら話そう。

3. OHP の使い方を工夫する

　OHP はビジュアルの道具として便利だが、情報を一度に入れ過ぎないようにする。また、説明をしている箇所だけを見せてそれ以外は隠すようにする。こうすることによって、聞き手にポイントを明確に示すことができる。

4. 質問には的確に答える

　プレゼンテーションのリハーサルで質問を出してもらう。それらは予想される質問として確実に応答できるようにしておく。また実際の場で、質問に答えられないときは後日返答するよう言う。不確かな返答は避けなければならない。

語彙索引

著者紹介

米田隆介
神戸市外国語大学英米学科卒業
神田外語キャリアカレッジ日本語講師、インタラング日本語講師、JLCI日本語講師
『新装版ビジネスのための日本語』2006　スリーエーネットワーク　共著

藤井和子
津田塾大学学芸学部英文科卒業
財団法人津田塾会講師
『Living Japanese』1995　講談社インターナショナル　共著
『新装版ビジネスのための日本語』2006　スリーエーネットワーク　共著

重野美枝
早稲田大学第一文学部史学科日本史学専修卒業、豪州 ボンド大学経営学修士（MBA）
JALアカデミー株式会社 日本語セクション　コースデザイナー
『完全マスター3級日本語能力試験文法問題対策』2005　スリーエーネットワーク　共著
『新装版ビジネスのための日本語』2006　スリーエーネットワーク　共著

池田広子
お茶の水女子大学大学院人間文化研究科博士後期課程修了、応用言語学博士
お茶の水女子大学リサーチフェロー、立教大学大学院MBAコース講師
『共生時代を生きる日本語教育』2005　凡人社　共著
『新装版ビジネスのための日本語』2006　スリーエーネットワーク　共著
『日本語教師教育の方法』2007　鳳書房　など

新装版　商談のための日本語

1996年10月 1 日　初版　第 1 刷発行
2006年 9 月15日　新装版第 1 刷発行
2011年 4 月20日　新装版第 3 刷発行

著　者　米田隆介　藤井和子　重野美枝　池田広子
発行者　小林卓爾
発　行　株式会社　スリーエーネットワーク
　　　　〒101-0064 東京都千代田区猿楽町 2 - 6 -3 松栄ビル
　　　　電話　営業 03(3292)5751
　　　　　　　編集 03(3292)6521
　　　　http://www.3anet.co.jp/
印　刷　倉敷印刷株式会社

ISBN978-4-88319-402-5 C0081

新装版
商談のための日本語
We Mean Business: Japanese for Business People

テキストガイド

目　　次

第1課　　説明

STAGE 1 ══

【社内】

1．聞き返して説明を求める

・〜って言いますと。

> ┌─ Point ─
> 相手の言った言葉を繰り返すことによって、それが意味することを具体的に説明して
> もらう。この場合、「多めに？」といった聞き返し方をするとぞんざいな印象を与える
> ので、必ず「〜って言いますと」をつける。

練習2　　A：　会場には早めに行って。

会話例　　B：　早め、って言いますと。

　　　　　A：　そうだねえ。30分ぐらい前かな。

2．ポイントを説明する

・〜という点にあります。

> ┌─ Point ─
> 原因・理由、目的などのポイントを明確に説明する時に用いる。

練習2　　A：　新しい販売システムのメリットは、どんな点にあるんですか。

会話例　　B：　宣伝費がかからないという点にあります。

3．比較して説明する

・〜に比べて、〜ています。

練習2　　A：　今月の新商品の問い合わせ件数はどうなっていますか。

会話例　　B：　先月に比べて1割程度多くなっています。

ロールプレー　会話例

1．聞き返して説明を求める

　　A：　大きめの封筒を20枚用意しておいて。

　　B：　大きめ、って言いますと。

　　A：　そうだねえ。B4の書類が入るくらいの大きさかな。

2．ポイントを説明する

　　A：　今回のアンケート調査の主な目的は、どんな点にあるんですか。

　　B：　若い女性が携帯電話にどんな機能を求めるかを調べるという点にあります。

3．比較して説明する

　　A：　今回のセミナーの出席者数はどうなっていますか。

　　B：　前回に比べて20人ぐらい多くなっています。

2

【社外】

1．聞き返して説明を求める

・～とおっしゃいますと。

~ Point ~
【社内】同様、ぞんざいな印象を与えないように必ず「～とおっしゃいますと」をつける。

練習2　　A：　長期契約していただければ、さらに5%お安くいたしますが……
会話例　　B：　長期、とおっしゃいますと。
　　　　　　A：　そうですね。5年以上ということになりますね。

2．ポイントを説明する

・何と言っても～という点にございます。

~ Point ~
「何と言っても」は強調する表現。商品の特長を説明する場合など、ポイントを強調したい時に使うと効果的である。

練習2　　A：　新しい携帯電話の特長はどのような点にあるのでしょうか。
会話例　　B：　そうですね。何と言っても、外国でも使えるという点にございます。

3．比較して説明する

・～に比べますと、～ております。

練習2　　A：　新製品の売行きはどうなんでしょうか。
会話例　　B：　従来のものに比べますと、50%増となっております。

ロールプレー　会話例

1．聞き返して説明を求める
　　A：　不良品は、電話でご連絡いただければ、すぐにお取り替えいたします。
　　B：　すぐに、とおっしゃいますと。
　　A：　そうですね。その日のうちにということになりますね。

2．ポイントを説明する
　　A：　新しいカップの特長はどのような点にあるのでしょうか。
　　B：　そうですね。何と言っても、飲み物を1時間程度温かい状態に保つことができるという点にございます。

3．比較して説明する
　　A：　新しいポータブルCDプレーヤーの再生時間はどのくらいなんでしょうか。
　　B：　従来のものに比べますと、約10時間長くなっております。

STAGE 2

【社内】

調査結果報告

［人物］　A：会議の司会者　　　B：会議の出席者（市村）
［場面］　会議で、グラフを使用しながらお客様アンケートの結果について説明する。

［機能］　順番に説明する　　*1.* まず〜。　次に〜。　それから〜。

> 〜 P o i n t 〜
> 複数の事柄を順序立てて説明する時に用いる典型的な表現である。

変化を説明する　　*2.* 〜てきています。〔長期・短期を問わない変化の説明〕

変化を説明する　　*3.* 変化が見られません。

聞き返して説明を求める　　*4.* と言いますと。

> 〜 P o i n t 〜
> **STAGE 1** の「〜って言いますと」は、ある特定の言葉が意味することを具体的に説明してもらう時に用いる。それに対して、これは直前に相手が述べた内容全体を受け、それが意味することをより具体的にわかりやすく説明してもらう時に用いる。

変化を説明する　　*5.* 〜傾向があります。〔長期間にわたる変化の説明〕

比較して説明する　　*6.* 〜に比べて、〜ています。

ポイントを説明する　　*7.* 〜という点にあります。

［解答］　1）　パソコンに関するお客様アンケートの結果。

2）　3つに分け、購入者の男女の割合、年齢別購入者数、購入者の職業の順番で説明した。

3）　パソコンの売上げとパソコンの売上げが伸びている主な理由について質問した。

CD 07　スクリプト

A：　じゃあ、市村さん、先月行われたパソコンに関するお客様アンケートの結果を報告してください。

B：　はい。それではこのグラフをご覧ください。これは、今回行われたアンケートの結果を、昨年までの調査結果と合わせてまとめたものです。₁まず、男女の割合ですが、男性65%、女性35%で、ここ数年、女性の割合が高くなっ₂てきています。₁次に、年齢別に見ますと（2）のグラフからおわかりのように中高年の購入者数には、このところ、₃変化が見られません。これに対して、20代前半の購入者が増え₂てきています。これは必要に迫られて購入した人たちですね。

A：　₄と言いますと。

B：　卒論作成のためや就職して仕事のためにパソコンが必要となる年齢ですから。

A：　ああ、そういうことですか。わかりました。

B：　₁それから、購入者の職業ですが、大学生の割合が毎年高くなる₅傾向があります。これに対して、会社員の割合は、ここ数年、低くなる₅傾向があります。わたしのほうからは以上です。

A：　わかりました。で、先月のパソコンの売上げはどうなっていますか。

B：　先月の売上げですね。えー、先月の売上げは3,000万円で、先々月₆に比べて2%増、また、昨年の同月₆に比べて10%増となっ₆ています。このところ順調に伸びています。

A：　そのようですね。パソコンの売上げが伸びている主な理由は、どんな点にあると見ていますか。

B：　そうですね。やはり、若い人の購入が増えてきた₇という点にあると思います。

A：　わかりました。それでは、このアンケート結果について何か質問のある方はどうぞ。

ロールプレー　会話例

~ Point ~
Bはかなりまとまった内容を一人で話すことになるので、学習者によっては難しいことも
ある。そのような場合は、初めにそれぞれのグラフについて説明させ、最後に全体を通し
て説明させるとよい。

A：　じゃあ、Bさん、先月行われたディスカウントチケットに関するお客様アンケートの結果
　　を報告してください。

B：　はい。それではこのグラフをご覧ください。これは、今回行われたアンケートの結果を、
　　昨年までの調査結果と合わせてまとめたものです。₁まず、男女の割合ですが、男性60%、
　　女性40%で、ここ数年、男性の割合が高くなっ₂てきています。₁次に、年齢別に見ますと
　　（2）のグラフからおわかりのように、20代の購入者数には、このところ、₃変化が見られま
　　せん。これに対して、30代40代の購入者数が増え₂てきています。それから、購入者の職
　　業ですが、会社員の割合が毎年高くなる₅傾向があります。これに対して、学生の割合はこ
　　のところ低くなる₅傾向があります。わたしのほうからは以上です。

B：　わかりました。で、先月のディスカウントチケットの売上げはどうなっていますか。

A：　先月の売上げですね。えー、先月の売上げは5,000万円で、先々月₆に比べて3%増、また、
　　昨年の同月₆に比べて15%増となっ₆ています。このところ順調に伸びています。

B：　そのようですね。ディスカウントチケットの売上げが伸びている主な理由は、どんな点に
　　あると見ていますか。

A：　そうですね。やはり、中年サラリーマンの購入が増えてきた₇という点にあると思います。

B：　わかりました。

【社外】

商品説明

［人物］　A：X社社員　　B：Y社社員

［場面］　取引先へコーヒーメーカーのセールスに行き、サンプルを見せながら商品説明をする。

［機能］　ポイントを説明する　　1. 何と言っても～という点にございます。

　　　　聞き返して説明を求める　　2. とおっしゃいますと。

~ Point ~
「と言いますと」同様、直前に相手が述べた内容全体を受け、それが意味するこ
とをより具体的にわかりやすく説明してもらう時に用いる。

　　　　同じ点を説明する　　3. ～と変わりはありません。

　　　　違う点を説明する　　4. ～と違って、～

［解答］　1）　新しいコーヒーメーカー。

　　　　2）　一度に12杯分のコーヒーが入れられること。カプチーノやエスプレッソも入れら
　　　　　　れること。

　　　　3）　価格が同じ。海外で生産されている点が違う。

CD 08　スクリプト

A：　それでは早速ですが、先日お電話でお話ししました私どもの新しいコーヒーメーカーのサ
　　ンプルをお持ちしましたので、ご覧いただけますか。

B：　ええ、拝見させていただきます。

A：　こちらでございます。

B：　かなり大きいんですね。

A：　ええ、こちらの特長は、₁<u>何と言っても</u>、一度に 12 杯分のコーヒーが入れられる₁<u>という点</u><u>に</u>ございます。それに、普通のコーヒー以外にも、いろいろお使いいただけるようになっております。

B：　₂<u>とおっしゃいますと</u>。

A：　例えば、カプチーノやエスプレッソなども入れられます。

B：　はあ、それはいいですね。それで、価格はどうなんでしょうか。

A：　価格は、現在お使いいただいているもの₃<u>と変わりはありません</u>。ただ、今回お持ちしたものは、従来のもの₄<u>と違って</u>、海外で生産されております。

B：　そうですか。あのう、実際にこれでコーヒーを入れてみたいんですが……

A：　ああ、そうですね。そういたしましょう。

ロールプレー　会話例

A：　それでは早速ですが、先日お電話でお話ししました私どもの新しいノートワープロのサンプルをお持ちしましたので、ご覧いただけますか。

B：　ええ。拝見させていただきます。

A：　こちらでございます。こちらの特長は、₁<u>何と言っても</u>、機械が必ず正しい漢字を表示しますので、漢字変換の必要がない₁<u>という点に</u>ございます。

B：　はあ、それはいいですね。それで、価格はどうなんでしょうか。

A：　価格は 8 万円で、従来のもの₃<u>と変わりはありません</u>。

B：　そうですか。で、機能はどうなんでしょうか。

A：　ええ、こちらの製品は、従来のもの₄<u>と違って</u>、インターネットに接続できるようになっております。

B：　ああ、そうですか。

STAGE 3

~ Point ~

STAGE 1【社内】【社外】　1．聞き返して説明を求める「〜って言いますと」「〜とおっしゃいますと」は必要な時にいつでも使えるように指導する。ロールプレーに入る前に復習しておくとよい。

1．スポーツ用品に関するお客様アンケート　*STAGE 2*【社内】

順番に説明する	1．まず〜。次に〜。それから〜。
変化を説明する	2．〜てきています。
	3．変化が見られません。
	4．〜傾向があります。
比較して説明する	5．〜に比べて〜ています。（*STAGE 1*【社内】3）
ポイントを説明する	6．〜という点にあります。（*STAGE 1*【社内】2）

会話例

A：　B さん、先月行われたスポーツ用品に関するお客様アンケートの結果を教えてくれないか。

B：　はい。このグラフを見ていただけますか。これは今回のアンケート結果を昨年までの調査結果と合わせてまとめたものです。₁まず、男女の割合ですが、今回は男性55%、女性45%で、ここ数年、女性の割合が高くなっ₂てきています。

A：　そうだね。

B：　₁次に、年齢別に見ますと(2)のグラフからおわかりのように、40代の購入者数には、このところ、₃変化が見られません。これに対して、10代、20代の購入者が増え₂てきています。

A：　うーん。そうだね。

B：　₁それから、購入者の1カ月の平均運動時間ですが、10代、20代の運動時間は長くなる₄傾向があります。これに対して、40代の運動時間は短くなる₄傾向があります。

A：　なるほど。で、先月のスポーツ用品の売上げはどうなっている。

B：　先月の売上げですね。えー、先月の売上げは6,500万円で、先々月₅に比べて1%増、昨年同月₅に比べて3%増となっ₅ています。

A：　そうか。それで、売上げが伸びている主な理由は、どんな点にあると見ている。

B：　やはり、10代、20代の若者の購入が増えてきた₆という点にあると思います。

A：　若者の購入は今後も増えると思う。

B：　ええ、そう思います。若者の運動時間も順調に伸びてきていますし……

A：　そうだな。うん、わかった。

2．人件費に関する調査結果報告　*STAGE 2*【社内】

順番に説明する	1.　まず～。次に～。それから～。
変化を説明する	2.　～てきています。
比較して説明する	3.　～に比べて～ています。(*STAGE 1*【社内】3)
ポイントを説明する	4.　～という点にあります。(*STAGE 1*【社内】2)
聞き返して説明を求める	5.　と言いますと。

会話例

A：　じゃあ、Bさん。人件費に関する調査の結果を報告してください。

B：　はい。それではこのグラフをご覧ください。₁まず、(1)のグラフからおわかりのように、人件費はこのところ年々増加し₂てきています。₁それから、人件費の内訳を見ますと、残業代の増加率が基本給の増加率₃に比べてかなり大きくなっ₃ています。こうしたことから人件費が増加した主な原因は、残業代が増えた₄という点にあると考えられます。私のほうからは以上です。

A：　わかりました。で、残業代が増えた主な原因はどんな点にあると見ていますか。

B：　そうですね。不必要な残業をする者が多くなっ₂てきている₄という点にあると思います。

A：　₅と言いますと。

B：　急ぐ必要のない仕事も、残業をしてその日のうちに終わらせようとする者が増え₂てきているということです。

A：　ああ、そういうことですか。わかりました。

3．新しい翻訳機の商品説明　*STAGE 2*【社外】

ポイントを説明する	1.　何と言っても～という点にございます。(*STAGE 1*【社外】2)
違う点を説明する	2.　～と違って、～。
比較して説明する	3.　～に比べますと、～ております。(*STAGE 1*【社外】3)

会話例

A：　あ、どうも。お忙しいところ、お時間をいただき、おそれいります。

B：　いえいえ。どうぞおかけください。

A：　どうも。それでは、早速ですが、先日お話ししました私どもの新しい翻訳機のパンフレットをお持ちしましたので、ご覧いただけますか。

B：　ええ。拝見させていただきます。

A：　こちらでございます。新製品の特長は、₁何と言っても、従来のもの₂と違って、音声入力が可能だ₁という点にございます。

B：　はあ、それは便利ですね。

A：　ええ。それに、おりたたみ式で小型なので持ち運びにも便利ですし、また30分の充電で24時間使えるようになっております。

B：　なるほど。それで、価格はどうなんでしょうか。

A：　価格は19,800円で、従来の文字入力式のもの₃に比べますと、20%から50%近くお安くなっております。

B：　そうですか。それはかなり安いですね。小型ということですが、どのくらいの大きさですか。

A：　B6サイズになっております。重さは250グラムです。

B：　はあ、ずいぶん軽いんですね。

4．新しいヘッドホンステレオの商品説明　*STAGE 2*【社外】

ポイントを説明する	1. 何と言っても～という点にございます。（*STAGE 1*【社外】2）
違う点を説明する	2. ～と違って、～。
比較して説明する	3. ～に比べますと、～ております。（*STAGE 1*【社外】3）
同じ点を説明する	4. ～と変わりはありません。

会話例

A：　あ、どうも。先日は遅くまでお付き合いいただき、ありがとうございました。

B：　いえ、こちらこそ。どうぞ、おかけください。

A：　どうも。それでは、早速ですが、先日お話ししました私どもの新しいヘッドホンステレオのサンプルとパンフレットをお持ちしましたので、ご覧いただけますか。

B：　ええ、拝見させていただきます。

A：　こちらでございます。こちらの特長は、₁何と言っても、従来のもの₂と違って、水中でも使える₁という点にございます。

B：　はあ、それはおもしろいですね。

A：　ええ、また、重さは40グラムで、従来のもの₃に比べますと、5分の1となっ₃ております。それから、再生時間は連続96時間までで、従来のもの₄と変わりはありません。

B：　再生時間は水中でも同じですか。

A：　ええ、同じでございます。

B：　そうですか。で、価格はどうなんでしょうか。

A：　54,800円でございます。

B：　従来のものよりかなり高めですね。

A：　ええ、まあ、やはり水中でも使えるというのは、他にはない機能ですので、開発にも、かなりの年数とコストがかかっておりますし。

B：　まあ、そうですね。

STAGE 4 ==ビジネスシミュレーション

【社内】

~~~ Point ~~~

学習者が自分で適当なグラフを見つけるのが難しい場合もあるので、新聞、雑誌などに載っているグラフをいくつか用意しておくとよい。まず、グラフの説明を考えてくることを宿題として与え、（この時点では、まだ文章にまとめてこなくてもよい。）次回、クラスの中で各自に発表させ、他の学習者から質問が出れば、それについても説明させる。教師がフィードバックした後、発表内容を文章にまとめてくることを宿題とする。

【社外】

~~~ Point ~~~

やり方は【社内】と同じ。自分の会社に適当な商品がない学習者の場合は、自分が愛用しているもののパンフレットを持ってこさせ、それについて説明させるとよい。

第2課　　意見

【社内】

１．肯定的な意見を述べる

・ああ、これなら〜と思いますよ。〜し、〜し……

> **Point**
> 肯定的な意見を述べる場合は「〜と思います」というように直接的な言い方をし、積極的に支持する気持ちを表す。

練習2　　A：　この新商品のネーミング、どうですか。

　会話例　　B：　<u>ああ、これなら</u>すぐ覚えてもらえる<u>と思いますよ。</u>
　　　　　　　　　おもしろい<u>し</u>、商品の特長もよくわかる<u>し</u>……

２．否定的な意見を述べる

・そうですねえ。ちょっとこれでは〜んじゃないでしょうか。

> **Point**
> 否定的な意見を述べる場合は、相手の気持ちを考え、直接的な言い方は避けて婉曲的な文末表現を用いる。

練習2　　A：　この新商品のネーミング、どうですか。

　会話例　　B：　<u>そうですねえ。ちょっとこれでは</u>長すぎて覚えにくい<u>んじゃないでしょうか。</u>

ロールプレー　　会話例

１．否定的な意見を述べる

A：　このプロジェクトの予算案、どうですか。

B：　<u>そうですねえ。ちょっとこれでは</u>広告費が少なすぎる<u>んじゃないでしょうか。</u>

２．肯定的な意見を述べる

A：　40％という値引率、どうですか。

B：　<u>ああ、これなら</u>かなりの利益が期待できる<u>と思いますよ。</u>
　　　在庫も減る<u>し</u>、お客様も喜ぶ<u>し</u>……

【社外】

１．肯定的な意見を述べる

・ええ、〜と思います。

> **Point**
> 【社内】同様、直接的な言い方をする。

練習2　　A：　私どもの提案した新規契約についてはいかがでしょうか。

　会話例　　B：　<u>ええ、</u>積極的に検討したい<u>と思います。</u>

2．否定的な意見を述べる

- そうですねえ。～ように思われるんですが……

> ～ Point
> 【社内】同様、直接的な言い方は避ける。また【社外】では【社内】の場合よりもさらに婉曲的な文末表現を用いる。

練習2　A：　私どもの提案した新規契約についてはいかがでしょうか。

会話例　B：　そうですねえ。ちょっと上司の了解を得るのが難しいように思われるんですが……

ロールプレー　会話例

1．否定的な意見を述べる

A：　私どもが提案した値引率についてはいかがでしょうか。

B：　そうですねえ。ちょっと少ないように思われるんですが……

2．肯定的な意見を述べる

A：　私どもが提案した価格についてはいかがでしょうか。

B：　ええ、妥当だと思います。

STAGE 2

【社内】

社内会議

［人物］　A：会議の司会者　　B：出席者（渡辺）　　C：出席者（伊藤）

［場面］　会議で商品の値引率について話し合う。

［機能］　発言許可を求める　　*1.*　よろしいですか。

> ～ Point
> 会議で発言する時に用いる。

強く主張する　　*2.*　～べきだと思います。

理由を述べる　　*3.*　といいますのは～

> ～ Point
> 理由を後から述べる場合に文頭に用いる。会議で発言する時には、まず意見を述べて自分の考えを明らかにし、後からその理由を説明したほうが聞いている人にわかりやすい。【社外】でも同様に使用できる表現である。

否定的な意見を述べる　　*4.*　～んじゃないでしょうか。

控えめに主張する　　*5.*　～たほうがいいと思います。

> ～ Point
> 自分の主張が他の人と対立するような時には、こうしたやわらかい表現を用いたほうが相手に受け入れられやすい。

［解答］　1)　商品の値引率。

2)　この商品はできるだけ安く売るべきである。できれば4割、少なくとも3割は値引きするべきである。

3)　4割引ではあまり利益が見込めない。3割引ぐらいまでにしたほうがいい。

第 2 課　意見

スクリプト

A：　では次に、商品の値引率について、どなたかご意見がありますか。

B：　₁よろしいですか。

A：　はい、渡辺さん、どうぞ。

B：　この商品はできるだけ安く売る₂べきだと思います。₃といいますのは、この時期、どこの会社も同じようなことを考えていると思うんです。とにかく今は少しでも安くした者の勝ちだと思うんですが……

A：　なるほど。具体的には何割ぐらいとお考えですか。

B：　そうですね。できれば4割、少なくとも3割は値引きする₂べきだと思います。

A：　わかりました。今、渡辺さんから3割から4割という案が出ましたがこの数字についてはどうでしょうか。伊藤さん、どうですか。

C：　そうですねえ。4割引ではあまり利益が見込めない₄んじゃないでしょうか。

A：　では、どの程度が適当だと思いますか。

C：　そうですね。3割引ぐらいまでに₅したほうがいいと思います。

A：　わかりました。ほかに何かご意見のある方はどうぞ。

ロールプレー　会話例

A：　では次に、新商品のモニターの募集人数について、どなたかご意見がありますか。

B：　₁よろしいですか。

A：　はい。Bさん、どうぞ。

B：　モニターはできるだけたくさん集める₂べきだと思います。₃といいますのは、いろいろな年齢や職業の人の意見を聞かなければ正確なデータは得られないと思うんですが……

A：　なるほど。具体的には何人ぐらいとお考えですか。

B：　そうですね。できれば500人、少なくとも400人は集める₂べきだと思います。

A：　わかりました。今、Bさんから400人から500人という案が出ましたが、この人数についてはどうでしょうか。Cさん、どうですか。

C：　そうですねえ。500人はちょっと多すぎる₄んじゃないでしょうか。

A：　では、何人ぐらいが適当だと思いますか。

C：　そうですね。400人ぐらいまでに₅したほうがいいと思います。

A：　わかりました。

【社外】

契約交渉

［人物］　A：X社社員　　B：Y社社員

［場面］　契約内容の詳細（価格、契約期間）について話し合う。

［機能］　肯定的な意見を述べる　　1. ～と思います。

　　　　　具体的に条件を提示して意見を求める　　2. ～ということでいかがでしょうか。

> ～ Point ～
> 「ということ」という言葉を使うことによって、押しつけがましい印象を与えないようにすることができる。

　　　　　否定的な意見を述べる　　3. ～ように思われるんですが……

　　　　　即答を避ける　　4. もう少し検討させていただけませんでしょうか。

─ Point ─
検討する時間をくれるよう、ていねいに依頼している。即答を避ける時の決まり文句でもある。

即答を避けた理由を述べる　　5. 私の一存では、ちょっと決めかねますので。

─ Point ─
即答を避ける場合には、必ず理由を述べるのが相手に対する礼儀である。ここでは無難かつ代表的な理由を取り上げた。

［解答］　1）　2人とも適当だと思っている。
　　　　2）　1人は3年が適当だと思っている。
　　　　　　もう1人は3年では長すぎると思っている。
　　　　3）　話はまとまらなかった。この件に関しては「長すぎる」と言ったほうが会社の他の人と検討したうえで、再度、話し合うことになった。

CD 14　スクリプト

A：　では、契約内容の詳細についてご意見をうかがいたいのですが……
B：　ええ。
A：　まず、私どもの提示させていただいた価格についてはいかがでしょうか。
B：　ええ、まあ妥当な線だ₁と思います。これで結構です。
A：　それはありがとうございます。で、契約の期間なんですが。
B：　ええ。
A：　契約期間は3年₂ということでいかがでしょうか。
B：　そうですねえ。ちょっと長い₃ように思われるんですが……
A：　そうですか。私どもとしましては、一応、3年以上を原則としておりまして……
B：　ああ、そうですか。
A：　3年未満ということになりますと、価格などの面で多少変わってきてしまいますが……
B：　なるほど。では、この点に関しましては、₄<u>もう少し検討させていただけませんでしょうか</u>。
A：　そうですか。
B：　ええ。₅<u>私の一存では、ちょっと決めかねますので</u>。
A：　わかりました。

ロールプレー　会話例

A：　それで、開発費は折半するという案についてご意見をうかがいたいのですが……
B：　ええ、問題ない₁と思います。それで結構です。
A：　ああ、そうですか。で、開始時期なんですが。
B：　ええ。
A：　共同開発は3カ月以内に開始する₂ということでいかがでしょうか。
B：　そうですねえ。ちょっと難しい₃<u>ように思われるんですが</u>……準備に時間がかかりそうですので。
A：　そうですか。私どもとしましては、新薬は2年以内に完成させたいと思っておりますので、できるだけ早く開始したいのですが……
B：　そうですか。では、この点に関しましては、₄<u>もう少し検討させていただけませんでしょう</u>

<u>か</u>。
A：　そうですか。
B：　ええ。₅<u>私の一存では、ちょっと決めかねますので。</u>
A：　わかりました。

STAGE 3

1．コピー機リースのセールス　*STAGE 2*【社外】

聞き返して説明を求める	*1.*　〜とおっしゃいますと。（第1課）
具体的に条件を提示して意見を求める	*2.*　〜ということでいかがでしょうか。
否定的な意見を述べる	*3.*　〜ように思われるんですが……（*STAGE 1*【社外】2）
即答を避ける	*4.*　もう少し検討させていただけませんでしょうか。
即答を避けた理由を述べる	*5.*　私の一存では、ちょっと決めかねますので。

> B は必ずしも即答を避ける必要はない。話をまとめてもよい。

会話例

A：　それでは早速ですが、先日お電話でお話ししました私どものリース用コピー機のパンフレットをお持ちしましたので、ご覧いただけますか。
B：　ええ、拝見させていただきます。
A：　こちらでございます。まず、リース料ですが、1カ月、50,000円でございます。また、使用料は1回につき、4円となっております。
B：　そうですか。まとめてリースする場合には、いくらか安くしていただけるんでしょうか。
A：　まとめて、₁<u>とおっしゃいますと。</u>
B：　4台、リースする予定なのですが。
A：　そうですか。では、1台、48,000円₂<u>ということでいかがでしょうか。</u>
B：　そうですねえ。ちょっと高い₃<u>ように思われるんですが……</u>
A：　そうですか。
B：　ええ、実はZ社さんのほうから同じ機種のものを、1台、46,000円というお話があるんです。
A：　そうですか。Z社さんのほうの使用料はどのくらいなんでしょうか。
B：　1回につき、8円です。
A：　そうですか。では、使用料に関しましては私どものほうがずっとお得になっておりますし、それに契約期間は5年で、契約期間中のリース料、使用料の値上げは一切いたしませんし。
B：　そうですか。まあ、₄<u>もう少し検討させていただけませんでしょうか。</u>
A：　そうですか。
B：　ええ。₅<u>私の一存では、ちょっと決めかねますので。</u>
A：　わかりました。それでは、またいつでもお電話でご連絡ください。よろしくお願いいたします。

２．経費削減の方法　*STAGE 2*【社内】

発言許可を求める　　　*1.*　よろしいですか。
強く主張する　　　　　*2.*　～べきだと思います。
理由を述べる　　　　　*3.*　といいますのは～
変化を述べる　　　　　*4.*　～てきています。（第 1 課）

会話例

A：　それでは経費削減の方法について、どなたかご意見がありますか。
B：　₁よろしいですか。
A：　はい。B さん、どうぞ。
B：　経費を削減するには、まず人件費、特に残業代を減らす₂べきだと思います。₃といいますのは、ここ数年、残業代の人件費に占める割合が高くなっ₄てきていて、今年は 30％にもなっているからです。
A：　そうですか。では、具体的にはどんな方法があるとお考えですか。
B：　そうですね。例えば、残業を許可制にするとか、ノー残業デーを導入する₂べきだと思います。
A：　なるほど。

３．コーヒーメーカーの卸値交渉　*STAGE 2*【社外】

具体的に条件を提示して意見を求める　　*1.*　～ということでいかがでしょうか。
否定的な意見を述べる　　　　　　　　　*2.*　～ように思われるんですが……（*STAGE 1*【社外】*2*）
理由を述べる　　　　　　　　　　　　　*3.*　といいますのは～（*STAGE 2*【社内】）
聞き返して説明を求める　　　　　　　　*4.*　～とおっしゃいますと。（第 1 課）

必ずしも話をまとめさせる必要はない。即答を避ける形で会話を終わらせてもよい。

会話例

A：　では、卸値についてご意見をうかがいたいのですが……
B：　ええ。
A：　卸値は 1 台、8,000 円₁ということでいかがでしょうか。
B：　そうですねえ。それはちょっと高い₂ように思われるんですが……
A：　そうですか。
B：　ええ。₃といいますのは、こちらの商品は若者をターゲットをにして扱っていきたいと思っているんです。デザインも特に若い女性に受けるでしょうし。
A：　まあ、そうですね。
B：　ただ、最近はかなり安いコーヒーメーカーも出ていますので、いくらデザインがよくても、値段が高いとなるとちょっと……
A：　そうですか。では、7,000 円₁ということでいかがでしょうか。
B：　そうですねえ。できれば 6,000 円程度にしていただきたいのですが……
A：　6,000 円ですか……まあ、大量にご購入いただければ、1 台、6,000 円ということにいたしますが……
B：　大量に、₄とおっしゃいますと。
A：　そうですね。100 台以上ということになりますね。

15

　　B：　わかりました。では、100台お願いしますので。
　　A：　ありがとうございます。

4．スポーツ用品の販売計画　*STAGE 2*　【社内】

　　　強く主張する　　　　*1.*　〜べきだと思います。
　　　理由を述べる　　　　*2.*　といいますのは〜
　　　変化を説明する　　　*3.*　変化が見られません（第1課）
　　　　　　　　　　　　　4.　〜てきています。（第1課）

会話例

　　A：　B君、スポーツ用品の今後の販売計画なんだが、どの年代を対象にしたらいいだろう。
　　B：　そうですね。10代、20代の若者を対象にしたものを販売していく₁べきだと思います。₂といいますのは、ここ数年、中年の購入者数に₃変化が見られないのに対して、若者の購入者数は毎年増え₄てきているからです。特に20代の購入者数は、このところ急激に増え₄てきています。
　　A：　なるほど。で、具体的にはどんなスポーツ用品を販売していくべきだと考えているのかね。
　　B：　そうですね。やはり若者に人気のあるスポーツ、例えばスキーやスノーボードの用品に力を入れていく₁べきだと思います。
　　A：　なるほど。

STAGE 4 ══════════════════════════ビジネスシミュレーション

【社内】

> ～ Point ～
>
> 例えば1のトピックであれば、社内に「マルチメディアを積極的に利用しよう」という声があると仮定する。そして、そのような考えに対して自分が肯定的であるのか、否定的であるのか考えさせ、適切な文末表現を選んで意見を述べるように指導する。トピックは学習者に自由に選ばせるとよい。

【社外】

> ～ Point ～
>
> 日本語では遠回しに否定的な意見を述べることが少なからずあるので、相手の本音がよくわからないようなあいまいな表現に出会ったら、それを書いてくるように指導する。授業の中で学習者が集めてきた表現とそれが使われた状況を各自に説明させ、発話者の本音についてディスカッションさせるとよい。

第3課　賛成

～ Point ～
社内表現を「賛成する」、社外表現を「同意する」と区別した。
「賛成する」は他の人の提案などをよいと認めた場合に使われることが多く、「同意する」
は相手と同じ意見であることを表す場合に使われることが多い。相手の意見を「よい」と
判断することは相手の領域にまで踏みこむ行為であって、同じグループ内（社内）では許
されるが、グループ外（社外）では避けたほうがいい。グループ外ではこのように相手と
の距離を保つことが円滑なコミュニケーションを行うために必要となるからである。社外
で敬語が多用されるのも、敬語の使用によって、相手との距離ができるからである。

STAGE 1

【社内】

1．強く賛成する

・確かにそうですね。
・わたしもそう思います。
・その通りだと思います。
・本当にそうですね。

練習2　　A：　アルファ社との契約更新は中止するべきだと思うんですが……
会話例　　B：　確かにそうですね。

2．条件つきで賛成する

賛成する	・基本的にはこれでいいと思います。
問題点を指摘する	・ただ、～
否定的な意見を述べる	・～んじゃないでしょうか。

～ Point ～
最初に賛成して、あとで否定的な意見を述べる。これが逆になると意味は反対してい
ることになるので注意する。

練習2　　A：　プロジェクト201の最終企画案はこれでいいと思いますか。
会話例　　B：　基本的にはこれでいいと思います。ただ、開始時期を少し早めにしたほうが
　　　　　　　いいんじゃないでしょうか。

3．しかたなく賛成する

・まあ、いいだろう。
・まあ、やむを得ないなあ。
・まあ、しょうがないなあ。
・まあ、こんなところか。

～ Point ～
「まあ」で間を取ることによって躊躇しながら同意するニュアンスが現れる。

練習2 　A：　グレード社に見積を出してもらいましたが、少し予算オーバーになってし
　会話例　　　　　まったんですが……

　　　　　　B：　まあ、やむを得ないなあ。／まあ、しょうがないなあ。／まあ、いいだろう。

> ─ Point ─
> 「まあ、こんなところか」はこの場合、使えない。

ロールプレー　会話例

1．条件つきで賛成する

　A：　社員旅行のスケジュールはこれでいいと思いますか。

　B：　基本的にはこれでいいと思います。ただ、集合時間7時は早いんじゃないでしょうか。

2．強く賛成する

　A：　日本語で仕事ができるように外国人社員に日本語研修を受けさせるべきだと思うんです
　　　　が……

　B：　その通りだと思います。

3．しかたなく賛成する

　A：　ジェット社に納期を1週間延ばしてほしいと言われたんですが……

　B：　まあ、いいだろう。

【社外】

1．強く同意する

　・おっしゃる通りでございます。

　・ごもっともでございます。

> ─ Point ─
> 「本当にそうですね（社内表現）」を丁寧にした表現。社外のフォーマルな場面で用いる。

　・私どもも同じ考えでございます。

> ─ Point ─
> ここでは会社としての意見となるため主語は複数となる。

練習2 　A：　共同開発した冷凍食品のキャンペーンはスーパー以外の場所でもするべき
　会話例　　　　　だと思うんですが……

　　　　　　B：　おっしゃる通りでございます。

2．条件つきで同意する

同意する　　　　　　　・私どもも基本的には同じ考えです。

問題点を指摘する　　　・ただ、～

否定的な意見を述べる　・～ように思われるんですが……（第2課）

> ─ Point ─
> ・最初に賛成して、あとで否定的な意見を述べる。これが逆になると意味は反対して
> いることになるので注意する。
> ・「～ように思われます」は第2課「意見」否定的な意見で既出。

練習2　　A：　弊社としては共同プロジェクト19をこのまま進めたいと思っているんです
　　会話例　　　　　が……

　　　　　　B：　私どもも基本的には同じ考えです。ただ、販売ルートは見直したほうがいい
　　　　　　　　　ように思われるんですが……

3．しかたなく同意する

- では、しかたないですね。
- では、やむを得ませんね。
- では、しかたがありませんね。
- それでしたら、かまいません。

> ~ Point ~
> 「では」「それでしたら」で間を取ることによって躊躇しながら同意するニュアンスが
> 現れる。

不可能であることを伝える

- いくら〜ても、〜は難しいんですが……

> ~ Point ~
> 不可能を意味する表現としてここでは「〜は難しいんですが……」を使う。
> 否定的な意見を述べる時には相手の感情を害さないように直接的な表現は避ける。

練習2　　A：　いくら検討しても、この金額から値引きすることは難しいんですが……
　　会話例　　B：　そうですか。では、しかたないですね。

ロールプレー　会話例

1．条件付きで同意する
　　A：　弊社としては、共同開発した冷凍食品を高齢者のニーズに合わせたものに改良しようと
　　　　思っているんですが……
　　B：　私どもも基本的には同じ考えです。ただ、高齢者の好みについてはもう少し研究が必要
　　　　なように思われるんですが……

2．しかたなく同意する
　　A：　どうしても商品を今週中に納入するのは難しいんですが……
　　B：　そうですか。では、やむを得ませんねえ。

3．強く同意する
　　A：　通信販売で新しい販売ルートを開発したほうが効果的だと思うんですが……
　　B：　おっしゃる通りでございます。

STAGE 2

【社内】

企画会議

［人物］　A：会議の司会者　B：加藤主任　C：ニコル　D：部長
［場面］　社内会議で坂本の企画案について話し合う。B、Cの賛成意見の後でDがまとめる。
［機能］　条件つきで賛成する　　1．基本的にはこれでいいと思います。
　　　　　問題点を指摘する　　2．ただ、〜

否定的な意見を述べる　　*3.* 　～んじゃないでしょうか。（第 2 課）

会議で賛成する　　　　　*4.* 　わたしも～の意見に賛成です。

~ Ｐｏｉｎｔ ~
会議で賛成するときは主語をつけて自分の意見を言うことが多い。

控えめに主張する　　　*5.* 　～たほうがいいと思います。（第 2 課）

上司が部下に賛成　　　*6.* 　支持していきたいと思っているよ。

~ Ｐｏｉｎｔ ~
この表現は部下から上司に使われることはないので使い方に注意する。

［解答］　1)　賛成
　　　　　2)　坂本の案に賛成。

CD 21　スクリプト

A：　加藤主任、坂本さんの企画案についてはこれでよろしいでしょうか。

B：　そうですねえ。₁基本的にはこれでいいと思います。₂ただ、販売見通しについては少し疑問がある₃んじゃないでしょうか。

A：　ニコルさん、営業サイドから見ていかがですか。

C：　₄わたしも加藤主任の意見に賛成です。やはり販売見通しをもう一度検討し₅たほうがいいと思います。マーケットリサーチをもっと細かくやったほうがいいでしょう。新製品なら何でも売れるという時代ではなくなりましたから……

A：　そうですね。部長、色々と意見が出ましたが……

D：　そうだねえ。販売見通しについては、改めて検討してもらうということにして……まあ、わたしとしては、坂本君の案は₆支持していきたいと思っているよ。最終的な決定は役員会にかけるので時間がかかるかもしれないけど……

ロールプレー　会話例

A：　Bさん、大山さんの電気自動車を実用化するという提案についてはどうですか。

B：　そうですねえ。₁基本的にはこれでいいと思います。₂ただ、維持費については問題がある₃んじゃないでしょうか。

A：　Cさんはどうですか。

C：　₄わたしもBさんの意見に賛成です。維持費についてはもう一度検討し₅たほうがいいと思います。維持費が高いと普及しにくいという問題がありますから。

A：　課長、大山さんの提案について、色々な意見が出ましたが、いかがでしょうか。

D：　なかなかいい提案だと思うよ。わたしとしては、大山さんの案は₆支持していきたいと思っているよ。ただ、役員会にかける必要があるので時間がかかるかもしれないけど……

【社外】

キャンペーンの打ち合わせ

［人物］　A：広告会社社員　　B：Y社社員
［場面］　新製品のキャンペーン場所について、どのようにするか話し合う。
［機能］　感謝して同意する　　*1.* 　そうしていただけるとありがたいのですが。

> ～ Point
> 間接的な同意表現。感謝の意を含む時に用いる。

即答を避ける　　　　　*2.*　～ので、即答いたしかねますが～

> ～ Point
> その場で対応できないときに用いる。

強く賛成する　　　　　*3.*　おっしゃる通りでございます。

［解答］　Bが後で連絡することになった。

CD 22　スクリプト

A：　新製品キャンペーンの企画案につきましては今月中にお持ちするということで……

B：　ええ、私どもといたしましても、₁そうしていただけるとありがたいのですが。

A：　それで、キャンペーンの場所の件なんですが……

B：　その件につきましては、できるだけ多くの場所でやりたいと思っています。

A：　具体的に何カ所ぐらいとお考えですか。

B：　そうですねえ。それがまだはっきり決まっていない₂ので、即答いたしかねますが、決まり次第ご連絡いたします。

A：　そうですか。まあ、できるだけ早く場所をおさえなければなりませんからね。

B：　₃おっしゃる通りでございます。こういうことは、タイミングが大切ですから。

A：　では、場所に関しましては、後ほどご連絡いただくということで…

B：　そうですね。

ロールプレー　会話例

A：　次回の打ち合わせは私どもが御社にうかがうということで……

B：　ええ、私どもといたしましても、そうしていただけるとありがたいのですが。

A：　それで、日にちについてなんですが……

B：　まあ、できるだけ早く打ち合わせしたいと思っています。

A：　それでは、来週の月曜日でよろしいでしょうか。

B：　そうですねえ。スケジュールの調整をしなければならない₂ので、即答いたしかねますが、わかり次第ご連絡いたします。

STAGE 3

1．旅行プランの企画案作成　*STAGE 1*　【社内】

強く主張する　　　　　　*1.*　～べきだと思います。（第2課）

強く賛成する　　　　　　*2.*　確かにそうですね。／わたしもそう思います。

肯定的な意見を述べる　　*3.*　～と思います。（第2課）

会話例

A：　グラフ1を見てください。これは、過去5年間の熟年者人口をグラフにしたものです。このグラフからもわかりますように、熟年者人口は年々増加しています。次にグラフ2ですが、これは熟年者1,000人を対象に『余暇の過ごし方』についてアンケート調査をしたものです。これを見ると、旅行と答えた人は800人で非常に多いということがわかります。ですから、熟年者をターゲットにした旅行プランを企画する₁べきだと思うんですが……

B：　₂確かにそうですね。熟年者人口は年々増加しているし、これからも増加していくと₃思います。

A：　で、場所についてなんですが……先日、『熟年者が旅行を希望する地域』についてアンケート調査しました。このアンケートから、この年代にはヨーロッパを希望する人が多く、中でも西洋史めぐりに人気があるということがわかりました。ですから、このようなツアーを企画する₁べきだと思うんですが……

B：　₂わたしもそう思います。

2．商品扱いの検討　*STAGE 1*　【社内】

主張する　　　　　　1.　〜べきだと思います。（第2課）
強く賛成する　　　　2.　わたしもそう思います。／確かにそうですね。
変化を説明する　　　3.　〜てきています。（第1課）

会話例

A：　今後、エクセル社の商品はパソコンを中心に販売計画をしていくといい思いますが……

B：　と言うと。

A：　パソコンの周辺機器やソフトや雑誌などの販売にも力を入れていく₁べきだと思いますが……

B：　₂わたしもそう思うよ。ここ数年、エクセル社の売り上げは、パソコンの販売台数とともに伸びているし、パソコンのニーズはどんどん増え₃てきているから…

A：　ですから、当社も積極的にエクセル社との販売協力をしていく必要があると思うんですが……

A：　₂確かにそうだね。

3．ケーブル TV の番組編成　*STAGE 1*　【社外】

~ Point ~
- このロールプレーをする前に、説明表現を復習しておくとよい。
- また、事前にグラフについて色々な意見を学習者から引き出しておいたほうが、スムーズに練習をこなすことができる。

控えめに主張する　　　1.　〜たほうがいいと思います。（第2課）
条件つきで同意する　　2.　私どもも基本的には同じ考えです。
問題点を指摘する　　　3.　ただ、〜
否定的な意見を述べる　4.　〜ように思われるんですが……　（第2課）

会話例

A：　こちらのグラフをご覧ください。こちらは視聴者 1,000 人を対象に『見たい番組』についてアンケート調査をしたものです。このグラフからおわかりのように映画を見たいという視聴者が全体の 90％と非常に多いということがわかります。ですから、私どものケーブル TV の番組の中に映画を積極的に取り入れ₁たほうがいいと思いますが……

B：　₂私どもも基本的には同じ考えです。₃ただ、現在のテレビにおける映画の視聴率についても考えたほうがいい₄ように思われるんですが……映画の視聴率はここ数年伸び悩んでおりますので……

A：　そうですね。

4．新型携帯電話の商談　*STAGE 2*【社外】

~ Ｐｏｉｎｔ ~

Ａの説明の後でＢは携帯電話のパンフレットを見ながら質問をするため、表の携帯電話の機能項目についてはロールプレーをする前に、ある程度言葉の確認をしておいたほうがいい。

ポイントを説明する	*1.* 何と言っても〜という点にございます。（第1課）
比較して説明する	*2.* 〜に比べますと、〜ております。（第1課）
即答を避ける	*3.* 〜ので、即答いたしかねますが〜

会話例

Ａ：　こちらの表をご覧ください。これは新型携帯電話 PS30 を他社の携帯電話と比較したものです。こちらの製品の特長は <u>何と言っても</u>、多くの機能がある <u>という点にございます</u>。また、他社の製品 <u>に比べますと</u>、かなりお安くなっ <u>ております</u>。

Ｂ：　世界通話可能というのは、どこの国でも大丈夫なんですか。

Ａ：　ええ、具体的には 120 ヵ国通話可能でございます。

Ｂ：　電池節約モードというのはどんな機能ですか。

Ａ：　その詳しい説明は、こちらにございます。電波を受信すると、自動的にスイッチが入るので、普段はスイッチを切っておいても大丈夫だという機能でございます。このような機能を備えた PS30 はいかがでしょうか。

Ｂ：　そうですねえ。購入を決めるのは課長です <u>ので</u>、<u>即答いたしかねますが</u>、機能が優れているということはわかりました。

STAGE 4 ===ビジネスシミュレーション

~ Ｐｏｉｎｔ ~

職場の色々な場面で賛成表現を意識させて、聞いた表現を書かせる。中には、賛成とも反対ともとれない表現があるので注意する。

第4課　　反対

~ Ｐｏｉｎｔ ~

この課に入る前に、日本人に反対する場合には、次のようなことに注意する必要があることを説明しておくとよい。

①相手の立場、プライドを傷つけるような、直接的な反対はしないほうがよい。

　直接的な反対をされると、自分の人格の全てを否定されたように思う人も多いからである。

②反対する場合はできるだけ理由をつけ加えたほうがいい。また、できれば理由だけ述べて、反対の意志を相手に気づかせるようにするといい。

STAGE 1 ══

【社内】

1．反対して理由を述べる

・そうは思えませんね。～から……

~ Ｐｏｉｎｔ ~

　反対表現の後には、できるだけ理由をつけ加えたほうが、相手に受け入れられやすい。

練習2　　Ａ：　アルファ社の見積はこれで進めるべきだと思いますが……

会話例　　Ｂ：　そうは思えませんね。管理費が高すぎますから……

2．相手の意見を認めてから反対する

・～んですが、～んじゃないでしょうか。

~ Ｐｏｉｎｔ ~

　相手の意見も十分認めた上で反対する表現。反対する場合は婉曲的な文末表現をともなって意見を述べたほうが相手の感情を刺激しない。

練習2　　Ａ：　新型生ごみ処理機の開発にはもっと予算を取るべきだと思いますが……

会話例　　Ｂ：　それはそうなんですが、その前に商品の競争力がどれだけあるか詳しく調べたほうがいいんじゃないでしょうか。

ロールプレー　会話例

1．反対して理由を述べる

　　Ａ：　1週間に1回ノー残業デーを作るべきだと思いますが……

　　Ｂ：　そうは思えませんね。2年前にやってみましたが、守る人があまりいませんでしたから……

2．相手の意見を認めてから反対する

　　Ａ：　うちも長期休暇制度を導入するべきだと思いますが……

　　Ｂ：　それはそうなんですが、2週間くらいにしたほうが取りやすいんじゃないでしょうか。

【社外】

１．反対して理由を述べる

- ・いやあ、はっきり申し上げて難しいお話ですねえ。～ので……
- ・いやあ、それについてはちょっと……　～ので……
- ・いやあ、その件につきましては……　～ので……

> ～ Point ～
> 　反対表現の前に「いやあ」を使うことで否定的な意見をやわらげる。反対意見は最後まで言わないほうが婉曲的で、印象がよくなる。円滑なコミュニケーションを保つために必要な技法。

練習 2　　A：　新製品の広告は新聞に載せて宣伝しなければならないと思いますが……

会話例　　B：　いやあ、その件につきましては……予算が取れそうにありませんので……

２．相手の意見を認めてから反対する

- ・～んですが、～ように思われますが……

> ～ Point ～
> 　「～ように思われますが……」は第 2 課「意見」否定的な意見で既出。社内表現同様、相手の意見をよく認めた上で反対する表現。婉曲的な文末表現をともなって意見を述べたほうが相手の感情を刺激しない。

練習 2　　A：　広告費を増やして販売強化をしたほうがいいと思いますが……

会話例　　B：　まあ、おっしゃることはよくわかるんですが、投資効果がどれだけあるか考えたほうがいいように思われますが……

ロールプレー　会話例

１．反対して理由を述べる

A：　共同開発している生ごみ処理機の開発計画を予定より 3 カ月早く完成させたいと思いますが……

B：　いやあ、それについてはちょっと……スケジュール的に難しいので……

２．相手の意見を認めてから反対する

A：　積極的にファーストフード・チェーンの共同開発をしたほうがいいと思いますが……

B：　まあ、おっしゃることはよくわかるんですが、ファーストフード・チェーンは品質維持が難しいように思われますが……

STAGE 2 ══

【社内】

女性週刊誌の発行戦略

［人物］　A：企画課　課長　　B：企画課　木村　　C：企画課　鈴木
［場面］　新しい女性週刊誌の発行について話し合うが B と C は意見が対立する。
［機能］　会議で反対する　　*1.* わたしは～の意見には賛成できないんですが……

> ～ Point ～
> 　会議で賛成、反対するときは主語をはっきりさせて自分の意見を言うことが多い。

　　　　　理由を述べる　　　2. といいますのは〜（第 2 課）

　　　　　否定的な意見を述べる　　　3. 〜んじゃないでしょうか。（第 2 課）

　　　　　相手の意見を認めてから反対する　　　4. それはそうなんですが〜

　　　　　理由を説明する　　5. それに〜し……

　　　　　変化を説明する　　6. 〜てきています。（第 1 課）

　〔解答〕　1）　反対

　　　　　　2）　女性をターゲットにした週刊誌はすでにいくつか出版されており、同じようなもの
　　　　　　　　を出しても売れないから。

CD 27　スクリプト

A：　ところで木村さん、女性週刊誌についてはどのように考えていますか。

B：　そうですね。30 代の働く女性をターゲットにした週刊誌を発行するべきじゃないかと思い
　　　ますが……

A：　そうですか。鈴木さんの意見は。

C：　₁わたしは、木村さん₁の意見にはちょっと₁賛成できないんですが……　₂といいますの
　　　は、女性をターゲットにした週刊誌はすでにいくつか出版されているからです。同じよう
　　　なものを出しても売れない₃んじゃないでしょうか。

B：　₄それはそうなんですが、読者は新しい情報をほしがっていますよ。₅それに 30 代の働く女
　　　性をターゲットにした週刊誌はまだ発行されていない₅し…

A：　木村さん、需要という点ではどうですか。

B：　このグラフをご覧ください。こちらのグラフは過去 5 年間の働く女性を年齢別、職業別に
　　　まとめたものです。このグラフからもおわかりのように年齢別では、ここ数年、30 代の女
　　　性の就職がかなり増え₆てきています。
　　　また、職業別にみますと、専門職を持つ女性が特に増え₆てきていることがわかります。

A：　なるほど。2 人の考えはよくわかりました。この件については今の意見を参考にしてわた
　　　しから返事をします。

ロールプレー　会話例

A：　ところで B 君。輸入住宅の販売についてはどのように考えているのかね。

B：　そうですね。輸入住宅につきましては、もっと積極的に取り入れて販売するべきじゃない
　　　かと思いますが……

A：　そうかね。C 君の意見は。

C：　₁わたしは B さん₁の意見には、ちょっと₁賛成できないんですが……。₂といいますのは輸
　　　入住宅は規格が合わないということが多いからです。

B：　₄それはそうなんですが、輸入住宅はデザインもおもしろい₃んじゃないでしょうか。₅それ
　　　にコストパフォーマンスもいい₅し……

A：　B 君。需要という点ではどうかね。

B：　こちらのグラフをご覧ください。これは過去 5 年間の輸入住宅の受注件数をグラフにまと
　　　めたものです。このグラフからもおわかりのようにここ 1、2 年、輸入住宅の受注件数はか
　　　なり増え₆てきています。

A：　なるほど。まあ、2 人の考えはよくわかったよ。この件については今の意見を参考にさせて
　　　もらうよ。

【社外】

食品の共同開発

［人物］　Ａ：Ｘ社社員　　　Ｂ：Ｙ社社員

［場面］　Ｘ社とＹ社で食品の共同開発のターゲットについて話し合うがＡとＢは意見が対立する。

［機能］　相手の意見を認めてから反対する　　*1.* おっしゃる通りなんですが〜

　　　　　　　　　　　　　　　　　　　おっしゃることはよくわかりますが〜

　　　部分的に否定意見を述べる　　*2.* 必ずしも〜とは言えないのではないかと……

> ┌─ Ｐｏｉｎｔ ─
> 　100％そうではないという時の表現として使用する。
> └─

　　　否定的な意見を述べる　　*3.* 〜ように思われますが……（第2課）

　　　同意しない　　*4.* そうかもしれませんが……

> ┌─ Ｐｏｉｎｔ ─
> 　文末ははっきり表現していないが、理由があって同意しない表現。
> └─

［解答］　1)　・高齢者向けの食品を共同開発していけば、ビジネスになること。

　　　　　　・食生活に不安を感じている人の割合が非常に高いこと。

　　　　2)　経済的には不安定なので、必ずしも購買力が高いとは言えない。

CD 28　スクリプト

Ａ：　こちらのグラフをご覧ください。これは高齢者人口の変化を示したものです。このグラフからもおわかりのように、高齢者人口の割合は増え続けており、今後もこの傾向は続くと言えるでしょう。また、こちらのアンケート調査をご覧ください。これは 40 代の男女 1,000 人を対象に、『老後の生活で不安なこと』についてアンケート調査をしたものです。その中でも『食生活』について不安に感じている人の割合は全体の 85％にも達し、非常に高いということが言えます。ですから、高齢者向けの食品を共同開発していけば、ビジネスになると思いますが……

Ｂ：　1おっしゃる通りなんですが、高齢者は経済的には不安定なので、2必ずしも購買力が高いとは言えないのではないかと……

Ａ：　はあ、そうですか。

Ｂ：　私どもといたしましては、競合はありますが、購買力のある 20 代の一人暮らしをターゲットとしたインスタント食品の開発に今後も力を入れていきたいと思っておりますが……

Ａ：　まあ、1おっしゃることはよくわかりますが、今後 10 年先、20 年先のことを考えると、若者向けの食品開発ばかりしているわけにはいかない3ように思われますが……

Ｂ：　まあ、4そうかもしれませんが……

ロールプレー 会話例

Ａ：　こちらのグラフをご覧ください。これは 1,000 人を対象に『購入希望車』についてアンケート調査をしたものです。このグラフからもおわかりのように、RV を購入したいという人がかなり多くなっております。ですから、需要の多い RV を開発すればヒット商品になると思いますが……

Ｂ：　2おっしゃる通りなんですが、RV は開発費がかかるので3必ずしもいいとは言えないのではないかと……

A：　そうですか。

B：　私どもといたしましては、RV よりも安定した需要がある一般車をもっと開発していきたいと思っておりますが……

A：　まあ、₁おっしゃることはよくわかりますが、今後 10 年先を考えると、一般車だけでは他社に勝てない₃ように思われますが……

B：　まあ、₄そうかもしれませんが……

STAGE 3

1．半導体工場の海外進出　*STAGE 1*　【社内】

強く主張する	1．～べきだと思います。（第2課）
反対して理由を述べる	2．そうは思えませんね。～から……
相手の意見を認めてから反対する	3．その通りなんですが～／もっともなんですが～
否定的な意見を述べる	4．～んじゃないでしょうか．（第2課）
同意しない	5．そうかもしれませんが……（*STAGE 2*　【社外】）

会話例

A：　半導体の工場を作るのは X 国にする₁べきだと思いますが……

B：　₂そうは思えませんね。X 国は政情が不安定です₂から……

A：　まあ、₃その通りなんですが、X 国は他の国に比べて、労働者 1 人あたりの賃金も安いし、電力コストも安いので工場を作るにはよい条件がそろっていると思いますが……

B：　そうでしょうか。その国の政情は経済にまで影響することが多い₄んじゃないでしょうか。ですから、海外進出をするときに一番重要なのは、やはりその国の政情ではないかと思います。その次にいろいろな条件を考えたほうがいい₄んじゃないでしょうか。私としては、Y 国に半導体の工場を作る₁べきだと思いますが……

A：　それは₃もっともなんですが、他社は X 国にどんどん工場や合弁会社を作って利益をあげています。わが社にとっても工場を作ることが X 国に進出するいいチャンスになるのでは……

B：　まあ、₅そうかもしれませんが……

2．フィットネス講座の企画　*STAGE 1*　【社内】

否定的な意見を述べる	1．～んじゃないでしょうか。（第2課）
反対して理由を述べる	2．そうは思えませんね。～から……
相手の意見を認めてから反対する	3．その通りなんですが～

会話例

A：　B さん。フィットネス講座のスケジュール表を作ったんですが、どうでしょうか。コースはヨガ、エアロビクス、ストレッチの 3 コースで、ヨガ、エアロビクスは週 2 回午前と午後、ストレッチは週 1 回午後だけにしました。費用についてはヨガを 100,000 円、エアロビクスは 60,000 円、ストレッチは 30,000 円にしたんですが……

B：　そうですね。ストレッチも週 2 回にしたほうがいい₁んじゃないでしょうか。

A：　₂そうは思えませんね。ストレッチはヨガやエアロビクスに比べて、人気がありません₂から……

B：　そうですか。それと、ヨガの 100,000 円は高すぎる₁んじゃないでしょうか。

A：　₃その通りなんですが、ヨガの講師料はエアロビクスの 3 割増なので費用も高くなってし

まうんですが……

B：　なるほど。では、8万円にしたらどうですか。10万円以下なら、一般の人にも手が届くでしょう。

A：　そうですね。費用についてはもう一度検討してみます。

B：　そのほうがいいですね。

3．中小企業 VS 大企業　*STAGE 1*　【社内】

反対して理由を述べる	*1.* そうは思えませんね。〜から……
否定的な意見を述べる	*2.* 〜んじゃないでしょうか。（第2課）
理由を説明する	*3.* それに〜し……（*STAGE 2*【社内】）
相手の意見を認めてから反対する	*4.* それはそうなんですが〜 / その通りなんですが〜
ポイントを説明する	*5.* 何と言っても〜ということです。（第1課）

~ Point ~
第1課 *STAGE 1*【社外】では、「何と言っても〜という点にございます。」とあるが、「何と言っても〜ということです。」もポイントを説明する表現。

同意しない	*6.* そうかもしれませんが……（*STAGE 2*【社外】）

会話例

A：　中小企業のほうが、自分の能力を生かして仕事ができると思いますが……

B：　₁そうは思えませんね。多くの分野の仕事を一人でやらなければならない₁から、大変な₂んじゃないでしょうか。大企業のほうが労働組合もしっかりしていますよ。₃それに、福利厚生も充実している₃し……

A：　まあ、₄それはそうなんですが、大企業の場合は社員が歯車の一つのようになっているところが多いので、仕事全体の流れが見えない₂んじゃないでしょうか。

B：　まあ、₄その通りなんですが、仕事によって違いがある₂んじゃないでしょうか。他に、大企業の有利な点は₅何と言っても、ネームバリューがあるので営業がしやすい₅ということです。よく知っている会社名だと、それだけで取引先や顧客は信頼しますからねえ。

A：　₄それはそうなんですが、大企業は取り引きを決めるのに時間がかかりすぎる₂んじゃないでしょうか。中小企業は、柔軟で、早く決定できると思いますが……

B：　まあ、₆そうかもしれませんが……

4．システムキッチンの共同開発　*STAGE 1*　【社外】

~ Point ~
情報が多いので各資料ごとに学習者の意見を引き出して、一度まとめさせてからロールプレーに入ったほうがスムーズにできる。また学習者も混乱しない。

控えめに主張する	*1.* 〜たほうがいいと思います。（第2課）
反対して理由を述べる	*2.* それについては、ちょっと……
否定的な意見を述べる	*3.* 〜ように思われるんですが……（第2課）
相手の意見を認めてから反対する	*4.* おっしゃることはよくわかるんですが 　　その通りだとは思うんですが
同意しない	*5.* そうかもしれませんが……（*STAGE 2*【社外】）

会話例

A：　私どもといたしましては、今回のシステムキッチンの企画案はA案で進め₁たほうがいい<u>と思いますが……</u>

B：　₂<u>それについては、ちょっと……</u>実は、先日、1,000人を対象に『システムキッチンに期待するもの』についてアンケート調査をいたしました。その中でトップだったのが機能で、次に低価格、耐久性、デザインでした。この調査からもおわかりのようにユーザーは機能性を一番求めています。ですから、システムキッチンの開発には機能性と耐久性を重視したB案で進めたほうがいい₃<u>ように思われるんですが……</u>

A：　まあ、₄<u>おっしゃることはよくわかるんですが</u>、B案は開発費が高い₃<u>ように思われるんですが……</u>

B：　₄<u>その通りだとは思うんですが</u>、ユーザーに満足してもらえる商品を開発していったほうがいいのでは……

A：　まあ、₅<u>そうかもしれませんが……</u>

STAGE 4 ━━━━━━━━━━━━━━━━━━━━━━ビジネスシミュレーション

> Point
>
> 職場で使われている反対表現がどんな場面でだれと話している時に使われたものなのかも書き取らせるとよい。

第5課　　結論

【社内】

1．結論をまとめる

・つまり～ってことですね。

~ Ｐｏｉｎｔ ~

　　今まで言ってきたことをもう一度言い直してまとめ、印象づけ確認する。「～って」は「～という」と違い、親しい者同士、もしくは上司が部下に話すような時に用いる。

練習2　　A：　最近、ジャンパーの売上げが落ちていますね。

会話例　　B：　そうですね。今までのデザインでは若者に売れないんじゃないでしょうか。

　　　　　　A：　つまり、若者に売れる商品を開発しなければならないってことですね。

　　　　　　B：　そういうことですね。

2．結論を導く

・従って～ということが言えるでしょう。

~ Ｐｏｉｎｔ ~

　　論理的に話を進めていき、最後に結論を述べるときによく用いられる（会議など）。

練習2　　A：　それで、売上げを伸ばす件についてはどうですか。

会話例　　B：　これからもっと売上げを伸ばすためには若者にターゲットをしぼらなければなりません。従って、若者向けの商品を増やす必要があるということが言えるでしょう。

3．結論を報告する

・ですから～ってことになったんです。

~ Ｐｏｉｎｔ ~

　　結論を伝える個人的な会話で用いられる。

練習2　　A：　最近の若い人は団体旅行を嫌がるので、社内旅行の参加率が悪いんですよ。

会話例　　B：　そうですか。

　　　　　　A：　ですから今年から総務部の社内旅行は中止するってことになったんです。

ロールプレー　　会話例

1．結論を報告する

　　A：　東京商会がわが社よりも安い価格を提案しているんですよ。

　　B：　そうですか。

　　A：　ですから、わが社も、もっと価格を引き下げようってことになったんです。

2．結論を導く

　　A：　それで、営業利益を上げる件についてはどうですか。

　　B：　ええ。営業利益を上げるためには、もっとコストを下げる必要があります。従って、コストの安い現地生産に変えていかなければならないということが言えるでしょう。

3．結論を報告する

A：　総務部では残業代が人件費の 35％にもなっているんですよ。

B：　そうですか。

A：　ですから、残業代を制限しようってことになったんです。

4．結論を導く

A：　それで全員にコンピューターを持たせる件についてはどうですか。

B：　時代の動きに対応していくためには、社員が早く正確な情報を手に入れることが大切です。従って、全員がコンピューターを持って、電子メールなどが利用できるようにする必要があるということが言えるでしょう。

5．結論をまとめる

A：　最近営業成績があまりよくないですね。

B：　そうですね。顧客の情報管理ができていないからなんじゃないでしょうか。

A：　つまりコンピューターによる顧客管理をするべきだってことですね。

B：　そういうことですね。

【社外】

１．結論をまとめる

・すなわち～ということでございます。

> ┌─ Ｐｏｉｎｔ ─
> 今まで説明してきたことをもう一度繰り返して、相手に印象づけようとする時に用いるとよい。

練習 2　　A：　これは、すなわち新しく発売されたビデオカメラは世界一小さくて軽いということでございます。

会話例　　B：　よくわかりました。

２．結論を導く

・～と言ってよろしいかと思いますが。

> ┌─ Ｐｏｉｎｔ ─
> 自社の宣伝は遠回しの文末表現を使用したほうが押しつけがましくなく、相手に受け入れられやすい。

練習 2　　A：　今までご説明してきましたようにこのコピー機は、一番ランニングコストが

会話例　　　　安いと言ってよろしいかと思いますが。

　　　　　　B：　そのようですね。

３．結論を報告する

・～という結論に達しまして。

> ┌─ Ｐｏｉｎｔ ─
> 相手にとっていい結論の場合にも悪い結論の場合にも用いられるが、「さようでございますか」の言い方が変わってくる。「結論に達しました」と言うと、相手に"通告している"という印象を与える。「結論に達しまして」というように文末まではっきり言わない表現のしかたは、特に相手にとって悪い結論を伝える時には不可欠である。

練習2　　A：　検討の結果、御社との業務提携はしない<u>という結論に達しまして</u>。
会話例　　B：　さようでございますか。

ロールプレー　会話例

1．結論をまとめる
　A：　これは<u>すなわち</u>御社の販売を伸ばすためには、当社の品質管理システムの導入が効果的だ<u>ということでございます</u>。
　B：　よくわかりました。

2．結論を報告する
　A：　検討の結果、御社の企画は採用できない<u>という結論に達しまして</u>。
　B：　さようでございますか。

3．結論を導く
　A：　消費者の人気商品ベストテンの１位だった<u>ことからよくおわかりいただけたように</u>この当社の壁掛けテレビは消費者が一番ほしがっている商品だ<u>と言ってよろしいかと思いますが</u>。
　B：　そのようですね。

STAGE 2 ⋯⋯⋯⋯⋯⋯⋯⋯⋯⋯⋯⋯⋯⋯⋯⋯⋯⋯⋯⋯⋯⋯⋯⋯⋯⋯⋯⋯⋯⋯⋯⋯⋯⋯⋯⋯

【社内】

新商品の販売戦略

［人物］　A：上司　　B：部下
［場面］　新しいリップクリームの販売実績の調査結果を報告し、宣伝方法について結論を述べる。
［機能］　報告を求める　　*1.*　〜だけど、どうなりましたか。
　　　　　結論をまとめる　　*2.*　ということは〜ということです。

> ～ Point ～
> 直前に自分が述べたことをまとめる時に使う。

　　　　　聞き返して確認する　　*3.*　というと〜ということですか。

> ～ Point ～
> 直前に相手が述べたことをまとめてもう一度確認する時に使う。

　　　　　結論をまとめる　　*4.*　要するに〜

> ～ Point ～
> それまでに複数の文で述べてきたことをまとめて言う時に使う。

　　　　　強く主張する　　*5.*　〜べきだと思います。（第2課）
　　　　　結論をまとめる　　*6.*　つまり〜ってことですね。

［解答］ 　1) 　女子高校生の心をつかむこと。

　　　　　　 2) 　キャンペーンの対象を女子高校生にしぼること。

CD
35 　スクリプト

A： 　山口さん、例の新しいリップクリームの宣伝の件₁だけど、どうなりましたか。まず、調査
　　　結果を報告してくれませんか。

B： 　はい。これです。今までのリップクリームの販売実績について調べてみたんですが、購買
　　　者は女子高生がもっとも多く、次が大学生になっています。

A： 　そうですね。

B： 　それに、この3年間のリップクリームの売れ行きを年代別に調べてみますと、女子高生に
　　　人気が出たものは、3カ月から5カ月後には、全体的に売れ始めるということがわかりま
　　　した。

A： 　なるほど。

B： 　₂ということは、商品を売るためには女子高生の心をつかむことが必要だ₂ということで
　　　す。

A： 　それはわかるけど、具体的なアイデアは。

B： 　はい。キャンペーンの対象を女子高生にしぼったらどうでしょうか。

A： 　₃というと、CMに女子高生を使ったり、サンプルを配ったりする₃ということですか。

B： 　はい。女子校でパンフを配ったり、方法は色々考えられますが、₄要するに、女子高生みん
　　　なにこの新しいリップクリームを宣伝する₅べきだと思います。

A： 　₆つまり、知名度をあげるってことですね。じゃあ、具体的に検討してみましょう。

ロールプレー 　会話例

A： 　Bさん、今期のコンピューターの販売実績₁だけど、どうなりましたか。データを報告して
　　　くれませんか。

B： 　はい。これをご覧ください。去年までトップだったパソコンの減少が目立っています。

A： 　そうですね。

B： 　それに、このお客様アンケートの結果を見ると、減少の原因は価格が高すぎること、そし
　　　て、すでに各家庭に1台ずつ普及したことだということがわかります。

A： 　なるほど。

B： 　₂ということは、もっと消費者の購買意欲を刺激する新製品が必要だ₂ということです。

A： 　それはわかるけど、具体的なアイデアは。

B： 　はい。子供でも使える操作が簡単な商品を、5万円以下で売り出したらどうでしょうか。

A： 　₃というと、販売の対象者を広げる₃ということですか。

B： 　はい。₄要するに消費者のニーズを先取りする₅べきだと思います。

A： 　₆つまり、新しいニーズを掘り起こすってことですね。

【社外】

新商品の売り込み

［人物］　Ａ：Ｘ社営業部員　　　Ｂ：Ｙ社営業部員

［場面］　Ａはニーズ調査の結果をＢに報告し、これに基づいて開発した立体テレビを強力に売り込む。

［機能］　注目をひく　　*1.* ちょっとご覧いただきたいんですが、〜

~ Point
結論を印象づけるためには、まず視覚等に訴えて相手の注目をひいておくといい。

　　　　　結論を確認する　　*2.* それは〜ということですね。

　　　　　結論を導く　　*3.* 〜と言ってよろしいかと思いますが。

［解答］　立体テレビは何よりもお客に喜んでもらえるということ。

CD 36　スクリプト

Ａ：　*1*ちょっとご覧いただきたいんですが、ここに昨年実施した「こんなものがほしいベストテン」の結果がございます。これは新商品の開発のために、ユーザー1万人を対象として行った調査の結果でございます。

Ｂ：　*2*それは、新しいニーズの調査をやってみた*2*ということですね。

Ａ：　はい。それで、この調査結果からおわかりのように、立体テレビが断然トップになっております。

Ｂ：　そうですね。

Ａ：　特によく見ていただきたいのは、2位の携帯テレビ電話を25％も引き離しているということでございます。このように立体テレビは、何よりもお客様に喜んでいただける*3*と言ってよろしいかと思いますが。

Ｂ：　それはそうですね。

Ａ：　当社ではこうした消費者の声をもとに、この立体テレビを開発、完成させました。このパンフレットをご覧の上、ぜひこの商品を御社で扱っていただきたいんですが……

Ｂ：　じゃあ、詳しく説明をうかがいましょう。

ロールプレー　会話例

Ａ：　*1*ちょっとご覧いただきたいんですが、ここに「旅行者のほしいものベスト5」のリストがございます。これはある旅行社が1万人にアンケートを取った結果でございます。

Ｂ：　*2*それは、新しいニーズの調査*2*ということですね。

Ａ：　はい。それで、自動走行かばんがトップになっております。こうした商品は何よりもお客様に喜んでいただける*3*と言ってよろしいかと思いますが。

Ｂ：　それはそうですね。

Ａ：　当社ではこの調査結果をもとにこの「オートサイドウォーカー」を開発しました。このパンフレットをご覧の上、ぜひこの商品を御社で扱っていただきたいんですが……

Ｂ：　じゃあ、詳しく説明をうかがいましょう。

STAGE 3 ═══════════════════

資料を見せて説明し、結論を述べることが多いので、第1課　説明で学習した変化を説明する表現を復習してから、ロールプレーを始めたほうがいい。また、前もってどんなセールスのしかたが効果的か、また、どんなやり方はいけないか話し合っておく。

1．スポーツウェアの開発　*STAGE 2*　【社内】

報告を求める	1.　～だけど、どうなっていますか。
変化を説明する	2.　～てきています。（第1課）
結論をまとめる	3.　ということは～ということです。
聞き返して確認する	4.　というと～ということですか。
結論をまとめる	5.　要するに～
結論をまとめる	6.　つまり～ってことですね。（*STAGE 1*【社内】）

会話例

A：　Bさん、年齢別運動時間の調査₁だけど、どうなっていますか。ちょっと報告してくれませんか。

B：　はい。これをご覧ください。全体に男性も女性も運動時間が減っ₂てきていますが、40代から50代の女性だけは運動時間がこの3、4年急に増え₂てきています。

A：　そうですね。

B：　₃ということは、これからは、うちも若い人や男性のスポーツウェアの販売だけではなくて、中年女性に売れる新製品を開発していかなければならない₃ということです。

A：　それはそうだけど、具体的なアイデアは。

B：　はい。中年女性に人気のある高級ブランドのスポーツウェアをシリーズで売り出していったらどうでしょうか。

A：　₄というと、同じブランドで、テニスウェアや水着を出す₄ということですか。

B：　はい。₅要するに、お金のある中年女性にうちの商品を色々揃えてもらおうということです。

A：　₆つまり、一度気に入ったらそのブランドをいろいろ買ってもらうようにする₆ってことですね。わかりました、検討してみましょう。

2．販売契約　*STAGE 1*　【社内】3

結論を導く	1.　従って～ということが言えるでしょう。

会話例

A：　来年度からの新しい取引先の件だけど、B君、今までの調査結果を報告してくれないか。

B：　はい。候補としてあげられているのは、岡商事と丸山商会と吉田商事ですが、この3社の最近5年間の経常利益のグラフをご覧ください。これです。まず丸山商会ですが、今年度の成績はいいようですが、このグラフからもよくわかるように年によって変動が激しすぎます。これは何か経営のしかたに問題があるからだと思います。次に、吉田商事ですが、3年前までは営業成績も安定していましたが、2年前に大幅に経常利益が減りました。今年度は少し元に戻りましたが、まだまだです。この2社に対して、岡商事はこの5年間安定した営業成績です。新しい取引先は安定した利益が見込めなければなりません。₁従って、新規取引先には、岡商事がもっとも適当だ₁ということが言えるでしょう。

A：　なるほど。わかった。ほかに意見は……

3．ヘッドホンステレオの販売　*STAGE 2*【社内】

変化を説明する	*1.* ～てきています。（第1課）
結論をまとめる	*2.* ということは～ということです。
結論をまとめる	*3.* つまり～ってことですね。（*STAGE 1*【社内】）

会話例

A： アスカ社のヘッドホンステレオなんですが、最近急激に売上げが落ち*1*てきていますね。

B： 確かに、(1)のグラフを見るとよくわかりますが、これはひどいですね。ユーザーのクレーム件数の調査を見ても、ずいぶんクレームが多いし……

A： こわれやすいというクレームが特に多いですね。

B： *2*ということは品質に問題がある*2*ということですよ。

A： そうですね。

B： このままアスカ社のヘッドホンステレオの扱いを続けるのは問題があるんじゃないでしょうか。

A： *3*つまり、取り扱いをやめたほうがいい*3*ってことですね。

B： そういうことですね。

A： この件は今度の会議に提案しましょう。

4．新しいパソコンの売り込み　*STAGE 1*【社外】

結論をまとめる	*1.* すなわち～ということでございます。
結論を導く	*2.* ～と言ってよろしいかと思いますが。

会話例

A： どうもお忙しいところ、お時間をいただきまして……

B： いえいえ。今日は御社の新しいパソコンをご紹介くださるそうで……

A： はい。ここにパンフレットとサンプルを持ってまいりました。ご覧ください。

B： これですか。ずいぶん軽くて、小さいですね。

A： はい。A6サイズで500グラムになっております。それに、携帯電話内蔵で電話線のないところでも通信ができます。

B： はあ。それは便利ですね。新幹線や自動車の中からでも電子メールが送れるということですか。

A： はい。そういうことです。それこそ、道を歩きながら、メールを送ることができます。*1*すなわち、このパソコンを持っていれば、地球上どこにいても、ビジネスチャンスを逃がすことはない*1*ということでございます。何と言っても忙しいビジネスマンには、時間が何よりも貴重です。こうしたパソコンはビジネスマンの夢が実現した商品だ*2*と言ってよろしいかと思いますが。

B： なるほど、そうですね。

STAGE 4 ▪▪▪▪▪▪▪▪▪▪▪▪▪▪▪▪▪▪▪▪▪▪▪▪▪▪▪▪▪▪▪▪▪▪▪▪▪▪ ビジネスシミュレーション

～ Point ～

もし学習者がセールス担当でなかったり、適当な商品がない場合は学習者が興味を持っているもののパンフレットを持ってこさせ、その売り込みをやらせるといい。

第6課　　説得

STAGE 1

【社内】

1．同意を求めて説得する

相手の意見を認めてから反論する　・それはそうなんですが〜

~ Point
　相手の意見と違っていても、先に反対したりしないで、まず相手の意見を認めてか
　ら、自分の意見を述べる。

同意を求める　・〜と思われるでしょう。

~ Point
　相手に反論する時も自分の意見に相手も同意するだろうという設定で話したほうが
　相手も受け入れやすい。相違点を強調するのではなくて、相手と自分が同じ立場に
　立っているという設定で話を進めることが、説得をする上で重要である。

練習2　　A：　この不況では新入社員の採用を中止する必要があると思いますが。
会話例　　B：　それはそうなんですが、それよりも交際費を減らすほうが先だと思われる
　　　　　　　でしょう。
　　　　　　A：　確かにそうですね。

2．ほめてから説得する

ほめる　・それはなかなかいい点をついているね。
問題点を指摘する　・ただ、〜

~ Point
　部下の意見と違う場合はまず相手をほめてから問題点を指摘したほうが部下の共感
　を得やすい。ほめるという行為は部下に対しては行うが、上司に対しては行わない。

練習2　　A：　売上げを伸ばすためには、積極的な宣伝活動をしなければならないと思いま
会話例　　　　　す。

B：　<u>それはなかなかいい点をついているね。</u>

A：　ありがとうございます。

B：　<u>ただ、</u>品質も向上させなければならないと思うよ。

A：　うーん、そうですね。

ロールプレー　会話例

1．同意を求めて説得する

A：　営業利益を伸ばすためには、もっとデザインのいい製品を考えなければならないと思いますが。

B：　<u>それはそうなんですが、</u>もう少し制作費を抑えたほうがいい<u>と思われるでしょう。</u>

A：　確かにそうですね。

2．同意を求めて説得する

A：　社員が働きやすくなるようにするためには、フレックスタイムの導入が効果的だと思いますが……

B：　<u>それはそうなんですが、</u>フレックスタイムを導入したら、チームワークがとりにくくな<u>ると思われるでしょう。</u>

A：　確かにそうですね。

3．ほめてから説得する

A：　仕事の能率を上げるためには、リフレッシュ休暇を1カ月はとれるようにしたほうがいいと思います。

B：　<u>それはなかなかいい点をついているね。</u>

A：　ありがとうございます。

B：　<u>ただ、</u>みんなが1カ月も休んだら仕事も上で困ることが多いから、2週間ぐらいが適当だと思うよ。

A：　うーん、そうですね。

【社外】

1．同意を求めて説得する

自分の意見への同意を求める　・～とお考えになりませんか。

> ～ Point ～
> 尊敬表現で相手を尊重し、同意を求めることで相手を自分の領域に引き込んで説得する。相手と自分が共通の基盤をもっているという設定の上で説得を進める重要性は【社内】の場合と同じである。「～こそ」は自社製品の長所を強調したい時に使うとよい。

練習2　　A：　前にご説明しましたように、性能も他社のものに断然勝っておりますし……

会話例　　B：　そのようですね。

　　　　　A：　こうしたデザインがいい商品<u>こそ</u>、消費者に喜ばれる<u>とお考えになりませんか。</u>

　　　　　B：　なるほど、そうですね。

2．信頼を示して説得する

遠回しに否定する　・なかなかねえ……

> ～ Point
> 　難しいということを伝え、暗に断わる表現である。

高い評価を表す　・～のことですから
信頼を示す　　　・～と確信しております。

> ～ Point
> 　ほめるという行為は相手との直接的関わりなので、【社外】では適切な場面を選ばな
> ければかえって失礼になり、使い方が難しい。【社外】では、ほめるよりも信頼を示す
> ことで相手の共感を得たほうが説得しやすい。まず、相手を高く評価していることを
> 言外に伝える。その上で信頼を示し、(～と確信しております) 相手に優越感を与えて
> から、説得する。

練習2　　A：　納期を1週間早くするとなると、なかなかねえ……
[会話例]　　B：　いやあ、管理が優れている御社のことですから、必ず間に合わせていただけ
　　　　　　　　　ると確信しております。
　　　　　　A：　そう言われると、断れませんねえ。
　　　　　　B：　どうもありがとうございます。

ロールプレー　[会話例]

１．同意を求めて説得する
　　A：　前に、ご説明しましたように、当社のビデオカメラは性能も他社のものよりずっと優れ
　　　　ておりますし……
　　B：　そのようですね。
　　A：　こうした世界一小さいビデオカメラこそ、消費者のニーズに合っているとお考えになり
　　　　ませんか。
　　B：　なるほど、そうですね。

２．信頼を示して説得する
　　A：　ガンの新薬の共同開発の件は、なかなかねえ……
　　B：　いやあ、優秀な研究員の多い御社のことですから、この新薬の有望なことはよくおわか
　　　　りだろうと確信しております。
　　A：　そう言われると、断れませんねえ。
　　B：　どうもありがとうございます。

STAGE 2

【社内】

> ～ Point
> 　上司を説得する場合には、形の上では上司の裁量に任せるという形で会話を終える。上司
> に自分の意見を明白に認めさせようとしてはいけない。

赤字削減策

［人物］　A：部下　　　B：部長
［場面］　部下Aが赤字削減策として現地生産への移行を主張する。部長はその意見をほめて、い
　　　　　い面を認めてから問題点を指摘する。

部下は部長の意見に論理的に反論する。部長は部下の意見の裏付けを求めた上で、それを検討してから決めると言う。

［機能］　控えめに主張する　　*1.* 〜したほうがいいと思います。（第2課）

　　　　ほめる　　　　*2.* それはなかなかいい点をついているが。

　　　　強く疑問を述べる　　　*3.* どうだろうか。

> 〜 Point 〜
> 部下の意見の問題点に強く疑問を呈することで、はっきり反対している。

　　　　上司の意見を受け入れる　　　*4.* 〜の言われることにも一理あります。

> 〜 Point 〜
> 上司の意見を受け入れてから反論する時によく使う表現。

　　　　相手の意見を認める　　　*5.* 確かに〜

　　　　反対意見を述べる　　　*6.* しかし〜んじゃないでしょうか。

> 〜 Point 〜
> 5、6 は論理的に反対意見を述べて、説得する時に使うといい表現。

　　　　同意を求める　　　*7.* 〜と思われるでしょう。

　　　　上司に決定を一任する　　　*8.* 〜にお任せいたします。

> 〜 Point 〜
> 上司を説得する時の会話の終え方の一つ。スムースに話を運ぶためには、あくまでも上司をたてることが必要だという心理的な戦略を学習者に理解させておかなければならない。

［解答］　1）　赤字削減のために家具の生産を全面的に X 国と Y 国に移行する。

　　　　2）　現地生産はコスト削減の面では効果があがるかもしれないが、品質管理の点では問題がある。

　　　　3）　部下が部長を説得している。

CD 41　スクリプト

A：　部長、赤字削減策の件なんですが……

B：　ああ、何だね。

A：　わが社の家具は現在 X 国と Y 国の工場で 45％、残りは日本国内で生産されています。コストを考えると、今後生産を X 国と Y 国に全面的に移行*1*したほうがいいと思いますが。

B：　*2*それはなかなかいい点をついているが……

A：　何か問題がありますか。

B：　コストの面では、有効かもしれないよ。だが、品質管理の面では、*3*どうだろうか。その点に不安があるから、現在高級品は全て国内生産にしているんだし。一度失敗して製品の信用を失うと元も子もなくなってしまうからねえ。

A：　部長*4*の言われることにも一理あります。*5*確かに、品質の維持は重要なことです。*6*しかし、赤字解消のためには、ぜひとも経費減削が必要ですし、そのためには現地生産への全面移行をやらなければならない*6*んじゃないでしょうか。

B：　それはわかるが、品質管理についてはどうするのかね。

A：　現在国内で生産に従事している者を指導者として現地工場に派遣したらどうでしょうか。工場の全ての部門に配置するのです。

B：　なるほど。そうすれば、きちんとした品質管理ができるかもしれないね。

A：　それに、国内の工場用地の売却益は、移転の費用を差し引いても相当な額になります。それで赤字もほぼ解消できます。

B：　その点は裏付けがあるのかね。

A：　はい。（部長にデータを見せる）これをご覧ください。これは現地生産に全面的に移行する場合の費用の試算です。これが売却益の試算です。そして、これは、新しい現地工場の品質管理システムのレポートです。これをご覧になれば、部長も現地での品質管理が可能だ₇と思われるでしょう。

B：　ああ、このデータか。じゃあ、このレポートを見てから、結論を出すことにしよう。

A：　部長₈にお任せいたします。

ロールプレー　[会話例]

A：　部長、インドネシア市場は有望ですから、支店を開設した₁ほうがいいと思うんですが……

B：　₂それはなかなかいい点をついているね。だが、市場開拓の面ではわかるが、費用の面ではもっと慎重に検討する必要があるんじゃないだろうか。

A：　おっしゃることはよくわかるんですが、市場開拓のためには支店開設が必要なんじゃないでしょうか。

B：　それはわかるが、初めは出張所のほうが費用もかからないし、リスクも少ないんじゃないかと思うよ。

A：　₅確かに出張所のほうがリスクが少ないかもしれません。₆しかし、新しい市場を確実に開拓するためには投資も必要ですし、インドネシア市場に進出できれば、年間10億円の利益が見込めます。

B：　その点は数字の裏付けがあるのかね。

A：　（上司にデータを見せる）ここにインドネシア市場での他社の利益のグラフがございます。これをご覧になれば、部長も支店を開設しよう₇と思われるでしょう。

B：　じゃあ、このグラフを見てからもう一度検討しよう。

A：　部長₈にお任せいたします。

【社外】

> ─ Point ─
> 　顧客を説得し、自分の意見を通そうとする場合は相手を高く評価し、その判断力への信頼を示すことで共感を得るようにすることの必要性を説明しておく。この時、自国でのセールスのしかたを学生に話させて、日本でのビジネスのやり方との違いを認識させておくといい。

「マイティークッカー」の売り込み

［人物］　A：X社社員　　B：Y社（X社の取引先）社員

［場面］　取引先に材料を入れて料理名を入力すれば、料理ができあがる「マイティークッカー」を売り込む。価格を下げてほしいという要望に対して、性能のよさを主張し、相手の判断力への信頼を示すことで説得する。

［機能］　否定的な意見を述べる　　1.　〜ように思われますが……（第2課）

　　　　　遠回しに否定する　　2.　なかなかねえ……

　　　　　自信を示す　　3.　〜という自信がございます。

　　　　　相手への高い評価を示す　　4.　見る目がある御社のことですから

　　　　　　信頼を示す　　5.　〜と確信しております。
　　　　　　同意を求める　　　6.　〜とお考えになりませんか。
［解答］　成功した。

CD
42　スクリプト

A：　すみません。お待たせしまして。
B：　いえいえ。それで、早速ですが、当社の開発しました、材料を入れて料理名を入力すれば、料理ができあがる「マイティークッカー」を販売していただく件、いかがでしたでしょうか。
A：　そのことですが、当社としては、もう少し価格を下げていただければと思うんですが。
B：　いやあ、でも他社の商品と性能を比較していただければ、高くはない₁ように思われますが……　最近の消費者は、性能が優れているものを何よりも求めているようですから。
A：　そうかもしれませんが、この価格ですと、₂なかなかねえ……
B：　先日ご覧いただいたように、性能のよさを考えますと、お買い得の商品だと思います。その点は十分ご理解いただけた₃という自信がございますが。
A：　そうですねえ。
B：　₄見る目がある御社のことですから、この商品の将来性はよくおわかりになっている₅と確信しておりますが……
A：　まあ、それは、ねえ。
B：　御社のようなところには、こうした商品こそ必要だ₆とお考えになりませんか。
A：　それは言えるかもしれません。この価格でもやむを得ないということですか。よくわかりました。

ロールプレー　会話例

A：　すみません。お待たせしまして。
B：　いえいえ。それで、早速ですが、先日お願いしました当社の新しい品質管理ソフトの件、いかがでしたでしょうか。
A：　そのことですが、当社としては、もっと価格を下げていただければと思うんですが。
B：　いやあ、でも、価格は十分安くしておりますし、他社の同種のソフトよりもずっと優れておりますので、けして高くはない₁ように思われますが……
A：　でも、この価格ですと、₂なかなかねえ……
B：　このシステムは他社では開発できない₃という自信がございますが。
A：　そうですねえ。
B：　₄見る目のある御社のことですから、このソフトの有利な点は十分おわかりいただけた₅と確信しておりますが……
A：　まあ、それは、ねえ。
B：　御社の海外工場では、こうしたソフトこそ、必要だ₆とお考えになりませんか。
A：　それは言えるかもしれません。まあ、この価格でもやむを得ないということですか。よくわかりました。

STAGE 3

1．海外進出計画　*STAGE 2*　【社内】

　　　　　　ほめる　　　　　　1.　なかなかいい点をついているね。
　　　　　　問題点を指摘する　　2.　ただ、〜

相手の意見を認める　　　*3.* 確かに〜

反対意見を述べる　　　　*4.* しかし〜んじゃないでしょうか。

会話例

A： 課長、わが社の海外進出先のことですが。

B： ああ、あの件だね。

A： いろいろ検討してみましたが、C国がいいと思うんですが。

B： そうか。その根拠は。

A： はい。C国はご存知のように人口も多く、これから経済的に発展していく国ですから、潜在需要が見込めます。

B： C国への進出というのは、₁なかなかいい点をついているね。

₂ただ、政治的に相当不安定で、安心して投資できそうにないんじゃないかね。

A： ₃確かに、4、5年前までは政治的にも安定していなくて、いろいろ問題が起きていました。

₄しかし、最近はかなり安定してきた₄んじゃないでしょうか。それに、天然資源も豊富ですから、今後経済的に発展していくと思います。

B： 君の言うことはわかるが、現在のGNPは相当低いし、最近は軍部のクーデターのうわさもあるし。

A： それは、うわさだけで、事実ではないようですが……

B： そうかもしれないが、そんなうわさが出る国だから、気をつけなければならないんだよ。わが社が社運をかけて投資するには、C国のような政治体制の国は、少々危険性が高すぎるんじゃないだろうか。

A： そうですねえ。

B： この件は、ほかの国も検討してみてから決めるということでいいだろう。

A： はい、わかりました。

2．家具の通信販売　*STAGE 1*　【社内】1

結論を確認する　　　　　　　　　　*1.* というと〜ということですか。（第5課）

相手の意見を認める　　　　　　　　*2.* 確かに　（*STAGE 2*　【社内】）

反対意見を述べる　　　　　　　　　*3.* しかし〜んじゃないでしょうか。（*STAGE 2*　【社内】）

相手の意見を認めてから反対する　*4.* それはそうなんですが〜んじゃないでしょうか。（第4課）

同意を求める　　　　　　　　　　　*5.* 〜と思われるでしょう。

会話例

A： うちの家具部門の販路拡大作戦について色々な意見が出ているようですね。

B： そうですね。今回の計画はうちにとっては失敗が許されない大事業ですから、慎重に検討する必要がありますね。

A： それはわかりますが、今までと同じようなことをしていたら、うちも発展しないんじゃないでしょうか。

B： ₁というと、何か新しいことをやるべきだ₁ということですか。

A： ええ。具体的に言うと、通信販売を始めたらいいと思います。通信販売は新しい店舗を作る費用もいらないし、人件費も店舗を構えるよりずっと安いですから。

B： ₂確かに始めにかかる費用は少なくてすみます。₃しかし、カタログを作ったり、送ったりする費用はけっこう高い₃んじゃないでしょうか。

A： そういう費用はかかるけれど、一度ネットワークを作ってしまえば、全国的に販売できますし……

B：　₄それはそうなんですが、通信販売だと家具を実際に見て選ぶことができないから、高級品は売れない₄んじゃないでしょうか。

A：　そうかもしれませんが、通信販売は忙しい人が家でゆっくりカタログを見て、選ぶことができます。最近は主婦の半分以上が仕事を持っていると言われています。社会が変わってきたんですから、販売方法も変わる必要がある₅と思われるでしょう。

B：　それはそうですね。最近の女性は忙しくなりましたからね。実際にかかる費用の試算をして、部長に提案してみましょうか。

3．ウォーターヘッドホンステレオのセールス　*STAGE 2*【社外】

否定的意見を述べる	*1.* ～ように思われますが……（第2課）
遠回しに否定する	*2.* なかなかねえ……
自信を示す	*3.* ～という自信がございます。
同意を求める	*4.* ～とお考えになりませんか。（*STAGE 1*【社外】）

会話例

A：　今日は当社が自信を持って開発しましたこのウォーターヘッドホンステレオをご覧いただきたいと思って、サンプルとパンフレットをお持ちいたしました。水中で泳ぎながらでも、サーフィンをしながらでも音楽が楽しめる商品です。

B：　水中で……　それはおもしろそうですね。でもそうすると故障が多くなる₁ように思われますが……

A：　その点はご心配なく。何万回も使って試験をしてありますので、大丈夫です。

B：　そうですか。（手に取ってみる）ずいぶん軽いですね。

A：　はい。カードサイズで40グラムの軽さです。ヘヤバンド型やペンダント型があって、色も色々取り揃えてありますから、若い人に特に喜ばれる商品だと思います。

B：　それはわかるんですが、この価格だと少々高いですし、₂なかなかねえ……

A：　音もいいですし、水銀電池一個で96時間連続再生できますし、性能が優れているという点は十分ご理解いただけた₃という自信がございますが。

B：　まあ、それは、ねえ。

A：　御社のように若者の顧客が多いところには、こうした商品こそ必要だ₄とお考えになりませんか。

B：　そうですねえ。

A：　今は若者がヒット商品を作る時代ですから。

B：　それはそうかもしれませんね。この価格でもやむを得ないということですか。よくわかりました。

4．「ほんやくじん」のセールス　*STAGE 2*【社外】

相手への高い評価を示す	*1.* 見る目のある御社のことですから
信頼を示す	*2.* ～と確信しております。（*STAGE 1*【社外】）
同意を求める	*3.* ～とお考えになりませんか。（*STAGE 1*【社外】）

会話例

A：　どうもお忙しいところ、ありがとうございます。

B：　いえいえ、お久しぶりですね。お変わりありませんか。

A：　おかげさまで。その節は色々お世話になりました。
　　　早速ですが、このパンフレットをご覧ください。当社で開発しました新しい翻訳機でござ

います。

B：　はあ。音声で入力できるんですか。

A：　はい。12 カ国語に翻訳可能です。

B：　それは、便利ですね。それで、文字入力もできますか。

A：　いえ、それはできません。音声入力のみになっております。

B：　そうですか。それはちょっと不便じゃありませんか。

A：　この翻訳機は通訳のかわりに使うということにポイントをおいておりまして、サイズも小さくしてあり、タバコの箱の大きさにおりたためますし、胸のポケットにも入ります。12 カ国語に翻訳できるのも旅行用に最適です。

B：　それもそうですね。

A：　これさえあれば、どこの国へ行っても自由に会話が楽しめます。外国語が苦手な熟年層には絶対人気が出ますよ。

B：　なるほど。

A：　₁見る目のある御社のことですから、この商品が優れていることはよくおわかりだ₂と確信しております。これは必ず熟年層にヒットする₃とお考えになりませんか。

B：　わかりました。この商品を扱ってみましょう。

A：　ありがとうございます。

STAGE 4 ==ビジネスシミュレーション

Point

肯定的意見と否定的意見を述べさせ意見をまとめてから、異なる意見を持つ相手を説得させる。

第 7 課 　 　 クレーム

STAGE 1 ══

A．様子・状態を言う

1．強い表現

・〜んですが……

～ Ｐｏｉｎｔ ～
様子・状態をはっきり表現する場合に使う。クレームを強く言うときには、はっきり
表現する。

練習 2 　　A： 　サンプルを頼んだのに、商品が送られてきた<u>ん</u>ですが……
会話例　　B： 　そうですか。大変申し訳ありません。

2．弱い表現

・〜ようなんですが……

～ Ｐｏｉｎｔ ～
様子・状態を遠回しに表現する場合に使う。クレームをつけたい状況を遠回しに伝え
ている。

練習 2 　　A： 　先日注文した温風ヒーターが届きましたが、ファンが回らない<u>ようなんです</u>
会話例　　　　　 <u>が</u>……
　　　　　B： 　それは大変申し訳ございません。

B．確認する

1．強い表現

・〜でしたね。

～ Ｐｏｉｎｔ ～
事実をはっきり述べ、確認する場合に使う。相手のミスを直接指摘する。

練習 2 　　A： 　当社が注文したのは、200 ボルト用のドライヤー<u>でしたね</u>。100 ボルト用の
会話例　　　　　 ものが送られてきたんですが……
　　　　　B： 　そうですか。100 ボルト用のものが届いているんですか。申し訳ございません。

2．弱い表現

・〜ではなかったでしょうか。

～ Ｐｏｉｎｔ ～
事実を遠回しに確認する場合に使う。相手が自分から間違いに気がつくようにしている。

練習 2 　　A： 　商品の支払いは小切手<u>ではなかったでしょうか</u>。
会話例　　B： 　ああ、そうでした。小切手でしたね。まことに申し訳ございません。

Ｃ．たずねる

1．強い表現

・どうして～んでしょうか。［理由をたずねる］

> ～ Ｐｏｉｎｔ ～
> どうしてそういう状況になったか（ミスしたか）、理由をたずねる場合に使う。

練習 2　　Ａ：　どうして在庫についての返事がいただけなかったんでしょうか。
会話例　　Ｂ：　申し訳ございません。現在調査中でして……

2．弱い表現

・～ことになっていたんですが、どうなっているんでしょうか。［状況をたずねる］

> ～ Ｐｏｉｎｔ ～
> 約束内容を説明してから現在の状況を述べ、相手の状況をたずねることで遠回しに理由を聞く。

練習 2　　Ａ：　そちらに注文した商品は 2 日前に納品してもらうことになっていたんですが、
会話例　　　　　まだ来ていないんです。どうなっているんでしょうか。
　　　　　　Ｂ：　すみません。発送会社にミスがありまして……

Ｄ．依頼する

・～ていただけますか。

練習 2　　Ａ：　ミルつきのコーヒーメーカーをすぐ送っていただけますか。
会話例　　Ｂ：　はい、すぐにミルつきのものを送らせていただきます。

Ｅ．念を押して要求する

・～ないように～てください。

練習 2　　Ａ：　今後二度と同じことがないように注意してください。
会話例　　Ｂ：　はい。ご迷惑をおかけしまして申し訳ございませんでした。以後注意いたします。お電話ありがとうございました。

ロールプレー　会話例

1．たずねる（弱い表現）

Ａ：　そちらにお頼みしたサンプルが 1 週間たっても届かないんですが、どうなっているんでしょうか。

Ｂ：　すみません。社内に連絡ミスがございまして……

2．確認する（強い表現）

Ａ：　当社が注文したのはアナログタイプの時計でしたね。デジタルタイプのものが届いているんですが……

Ｂ：　そうですか。御注文はアナログタイプでしたね。申し訳ございません。

3．依頼する

Ａ：　タイマー付きのラジオをすぐ送っていただけますか。

Ｂ：　はい、すぐタイマー付きのものを手配しまして、送らせていただきます。

4．様子・状態を言う（強い表現）

　　A：　先日注文した、びん入りジャム 25 個のうち 2 個が割れていた<u>んですが</u>……
　　B：　そうですか。大変申し訳ございません。

5．念を押して要求する
　　A：　今後二度とこのようなことが<u>ないように注意して</u>ください。
　　B：　はい。ご迷惑をおかけしまして申し訳ございませんでした。以後注意いたします。お電話ありがとうございました。

6．依頼する
　　A：　AC−DC コンバーターの不良品を取り替え<u>ていただけますか</u>。
　　B：　申し訳ございません。さっそく取り替えにまいります。

STAGE 2

会話⑴　電気毛布のクレーム
　［人物］　A：アルファ家電の田中　　B：電気メーカー営業課の竹田
　［場面］　家電の従業員がお客さんから持ち込まれたクレームを電気メーカーに伝える。
　［機能］　苦情の内容について詳しく説明する　　1．〜というクレームがあったんです。
　　　　　　様子・状態を遠回しに表現する　　　　2．〜みたいなんです。
　［解答］　1）　ヒーターを買ったお客さんからの熱くなりすぎてやけどしそうになったというクレーム。
　　　　　　2）　新しいのを持って行き、不良品は持ち帰って、原因を調査する。

CD 51　スクリプト

　A：　アルファ家電の田中ですが、営業課の竹田さんをお願いします。
　B：　ああ、田中さん。竹田です。いつもお世話になっております。
　A：　いいえ、こちらこそ。あの、実はお宅の電気毛布『ぬくぬく』を買ったお客さんから、熱くなりすぎてやけどしそうになった₁<u>というクレームがあったんです</u>。
　B：　それは申し訳ございません。
　A：　こんなことは今までになかったんですが……
　B：　そうですね。
　A：　それで、お客さんがその電気毛布を当店へ持って来られたので調べてみたんですが、どうもサーモスタットが作動しない₂<u>みたいなんです</u>。
　B：　ああ、そうですか。それは大変ご迷惑をおかけしました。
　A：　で、新しいのをすぐ手配してもらえませんか。
　B：　はい、早速、新しいのをお持ちいたします。不良品は持ち帰りまして、原因を調査いたしますので。
　A：　そうですね。そうしてください。
　B：　はい。原因がわかり次第ご報告いたします。ご迷惑をおかけしまして、まことに申し訳ございませんでした。

ロールプレー　会話例
　A：　CD プレーヤーを買ったお客さん数人から、音がとぶ₁<u>というクレームがあったんです</u>。
　B：　それは申し訳ございません。

A：　それで、こちらで調べてみたんですが、原因がわからないので、引き取りに来てもらえませんか。

B：　はい、申し訳ございません。早速引き取りにまいりまして、当方で調査いたします。

A：　そうですね。そうしてください。

B：　ご迷惑をおかけしまして、まことに申し訳ございませんでした。

会話（2）　　請求書に関するクレーム

［人物］　Ａ：第一印刷の上山　　　Ｂ：家電メーカーの吉田

［場面］　印刷会社の社員が家電メーカーに取扱い説明書の印刷代が払われていないというクレームをつける。

［機能］　確認する（強い表現）　　*1.　・～でしたね。*

　　　　　様子・状態を言う（弱い表現）　　*2.　・～ようなんですが……*

　　　　　相手の意向を尊重して依頼する　　*3.　・～お願いできますか。*

［解答］　1）　取扱い説明書を納品したが、支払いが済んでいない。

　　　　　2）　経理課に問い合わせて折り返し電話する。

CD 52　スクリプト

A：　第一印刷の上山ですが、吉田さん、いらっしゃいますか。

B：　はい、吉田です。いつもお世話になっております。

A：　こちらこそ。あの、ひとつ確認したいことがあるんですが。御社の支払いは、月末締めの翌月末払い*1*でしたね。

B：　ええ、さようでございますが。

A：　新型テレビ TV－2000 の取扱い説明書印刷代の件なんですが、2 月 3 日付けで請求書をお送りしたんですが、4 月 5 日現在まだお支払いいただいていない*2*ようなんですが……

B：　そうですか。それは申し訳ございません。早速、経理課に問い合わせまして、折り返しお電話いたします。請求書番号がわかりますでしょうか。

A：　えーと、S－560 です。

B：　S－560 ですね。

A：　ええ、そうです。お電話は今日の午後 2 時までに*3*お願いできますか。それ以降ですと社を出ておりますので。

B：　はい。承知いたしました。必ず 2 時までにご返事いたします。

A：　じゃ、お願いします。

ロールプレー　[会話例]

A：　あの、ひとつ確認したいことがあるんですが。オレンジジュースを 10 ケース注文した場合は 15％の値引き*1*でしたね。

B：　ええ、さようでございますが。

A：　オレンジジュース 10 ケースの請求書が届いたのですが、全然値引きされていない*2*ようなんですが……

B：　それは当方の間違いでございます。申し訳ございません。

A：　正しい請求書を送り直していただけますか。

B：　はい、さっそく正しい請求書を送らせていただきます。

STAGE 3 ===

1．コーヒーカップセット破損のクレーム　*STAGE 1*

様子・状態を言う（強い表現）　　*1.*　〜んですが……
たずねる（弱い表現）　　　　　　*2.*　どうなっているんでしょうか。

会話例
A：　そちらに注文しましたコーヒーカップセットが届いたんですが割れていた₁んです。これ
　　で 3 度目な₁んですが……₂どうなっているんでしょうか。
B：　それは大変申し訳ございません。運送会社の梱包が十分でなかったようです。
A：　それで、どのようにしていただけるのでしょうか。
B：　さっそく新しいのを直接当社からお持ちいたします。それから、運送会社のほうには、今
　　後、梱包を十分にするように申し伝えますので。
A：　それで大丈夫ですか。
B：　はい、これからは大丈夫です。ご迷惑をおかけしました。

2．依頼の電話がなかったというクレーム　*STAGE 1*

たずねる（強い表現）　　*1.*　どうして〜んでしょうか。
依頼する　　　　　　　　*2.*　〜ていただけますか。

会話例
A：　価格引下げの件で、お電話していただくようにお願いしていたんですが、₁どうして連絡が
　　なかった₁んでしょうか。
B：　申し訳ございません。緊急の用件で外出しておりましたので。
A：　そうですか。この件は急ぎますので、今日中に決定し₂ていただけますか。
B：　はい、上司の結論が出次第、今日中にご連絡いたします。ご迷惑をおかけしまして申し訳
　　ございません。

3．ビールが納品されなかったというクレーム　*STAGE 1*

確認する（強い表現）　　　　　　*1.*　〜でしたね。
様子・状態を言う（強い表現）　　*2.*　〜んですが……
依頼する　　　　　　　　　　　　*3.*　〜ていただけますか。

会話例
A：　先日注文したビール 50 ケースは 6 月 10 日着₁でしたね。今日は 13 日ですが、まだ届いて
　　いない₂んですが……
B：　納品が遅れておりまして申し訳ございません。当方の手違いでただ今在庫切れになってお
　　りまして……
A：　そうですか。では、明日中に納品し₃ていただけますか。
B：　明日中はちょっと難しいんですが……5 日待っていただけませんでしょうか。
A：　5 日は待てませんねえ。一部でもいいですから明日中に納品してください。
B：　そうですか。それでは、明日入庫する分からとりあえず 10 ケースお届けいたします。ご迷
　　惑をおかけいたしまして申し訳ございません。

STAGE 4 ==ビジネスシミュレーション

―― Point ――

まず、どんなクレームがあったか（あるいは、どんなクレームをつけたか）を学習者にた
ずね、その時の状況を説明させる。それからその場合の対応の表現を言わせる。また、自
分だったらどう言うかを対話形式で書かせてみるのもよい。

第8課　プレゼンテーション

┌─ Ｐｏｉｎｔ ─────────────────────────────
一般的なプレゼンテーションの流れとして「導入」「本題」「クロージング」があることを
説明する。この課では、プレゼンテーションのやり方（型）を学ぶことが目的である。内
容をいかに効果的に展開するかは別のスキルなのでこの課の学習範囲外である。
└──────────────────────────────────

STAGE 1

Ａ．導入

┌─ Ｐｏｉｎｔ ─────────────────────────────
導入には、Ⅰ　あいさつ、Ⅱ　目的、Ⅲ　時間配分の項目があることを説明する。
・タスクリスニング
　　Ｑ：発表者はだれか、主題は何か、どのくらい話すか等。
・テープで繰り返し練習をする。
・パターンを覚えさせる。
└──────────────────────────────────

Ⅰ	あいさつをする	・私～と申します。どうぞよろしくお願いいたします。
Ⅱ	目的を述べる	・本日は～についてプレゼンテーションをさせていただきます。
Ⅲ	時間配分を述べる	・お話しする時間は～でございます。

Ｂ．本題

┌─ Ｐｏｉｎｔ ─────────────────────────────
本題の展開には大きく分けて次の２通りのパターンがあることを説明する。
　（a）全体──部分
　（b）結論──理由
└──────────────────────────────────

（a）	順番に説明する	・初めに～、次に～、そして最後に～。
（b）	本題を述べる	・～ということをご提案いたします。
	理由を述べる	・理由は～ということ。
（c）	ビジュアルを提示する	・ここでこちらの～をご覧ください。
	ビジュアルを提示して説明する	・～からおわかりのように～ております。

Ｃ．クロージング

| 全体をまとめる | ・これまでお話ししてきました内容を要約します／まとめます／一口で申し上げます／整理します　と…… |
| 質問を求める | ・ご質問がございましたら、どうぞ。 |

STAGE 2 ══

┌─ Ｐｏｉｎｔ ──┐
この課では初めに述べたように、プレゼンテーションの効果的な展開のためのスキルは学習外であるが、少なくとも原稿の棒読みはしないように指導しておく。

プレゼンテーションに必要な項目を参考にして原稿を書かせる。（必要であれば事前に語彙を導入しておく）発表時間は約5分なので、本題のところを学習者の創造力と想像力を使って少しふくらませるように助言する。
- 学習者に発表させる。（教師は表現などの誤りなどをメモしておく）
- 発表が終わったら、他の学習者に質問をさせる。
- 教師はフィードバックする。

（発表をビデオまたは、テープにとって再生しながらフィードバックするのも効果がある）
└──┘

1．新製品のプレゼンテーション

あいさつをする	1. 私、～と申します。どうぞよろしくお願いいたします。
目的を述べる	2. 本日は、～についてプレゼンテーションさせていただきます。
時間配分を述べる	3. お話しする時間は～でございます。
順番に説明する	4. 初めに～、次に～、そして最後に～。
順番に説明する	5. まず～。次に～。そして～。（第1課）
ビジュアルを提示する	6. ここで、こちらの～をご覧ください。
全体をまとめる	7. これまでお話ししてきました内容を要約いたしますと……
質問を求める	8. ご質問がございましたらどうぞ。

┌例┐

₁私、トランスフリー社、企画開発部の伊東₁と申します。₁どうぞよろしくお願いいたします。₂本日は、当社が新しく開発いたしました小型電子翻訳機『ほん楽や』₂についてプレゼンテーションさせていただきます。

₃お話しする時間はおよそ5分₃でございます。なお、ご質問はプレゼンテーションが終わりましてからお願いいたします。

₄初めに小型電子翻訳機『ほん楽や』の全体の特徴、₄次に個々の機能、₄そして最後に価格についてお話しいたします。

₅まず、全体の特徴ですが、この翻訳機『ほん楽や』は従来のキーによる入力翻訳機とは違って、音声による入力システムになっております。これは機械が自動的に音声を聞き取って翻訳しますので、手による入力と比べますと、非常に速くて簡単です。この『ほん楽や』というネーミングは「翻訳がほんとうに楽にできる」という意味からきております。文字通り"ほん楽や"ということでございます。

₅次に個々の機能ですが、この『ほん楽や』は次のような機能を持っております。

1．音声入力によって訳がディスプレーに表示されます。表示スピードは、日本語から英語では1/3秒、英語から日本語では1/2秒で翻訳されます。英語の発音に自信がない方でも、機械が十分に聞き取れるような特別なメカニズムを備えております。もちろん、音声入力以外にキーによる入力機能も持っておりますので状況によって使い分けることが可能です。

2．小型軽量でおりたたみ式の非常にハンディなタイプです。おりたたみますと、小型のシステム手帳と同じくらいの大きさになり、持ち運びが大変便利です。重さはわずか250グラムで

す。

　3．短時間の充電で、連続 24 時間の使用が可能となっております。新しい充電方式を開発した結果、充電時間は 30 分ですみます。そして、充電が必要になる 1 時間前にランプでそのことを知らせます。ですから安心してご使用になれます。最後に価格ですが、価格は 19,800 円でございます。この『ほん楽や』は従来の製品と比べますと、かなり低い価格になっております。<u>ここで、こちらの表</u>6をご覧ください。小型翻訳機の機能について他社と比較してみました。音声入力は他社の機能にはございません。表示スピードは日本語から英語へも、英語から日本語へも、どちらも速く処理します。おりたたみサイズにつきましては、B6 より小さくしますと使いにくくなりますので、このサイズとなっております。重さはご覧のように他社と比べましてもはるかに軽量でございます。また、再生時間もこのように長時間であることがおわかりになると思います。価格は先程申し上げましたように、これらの機能がついてわずか 19,800 円でございます。

　<u>7これまでお話ししてきました内容を要約いたしますと</u>、この『ほん楽や』は、音声入力式という新しいコンセプトによる低価格の優れた小型翻訳機と言えるでしょう。

　<u>8ご質問がございましたらどうぞ。</u>
　どうもありがとうございました。

2．提案のためのプレゼンテーション

あいさつをする	1．～でございます。
目的を述べる	2．本日は、～についてご提案したいと思います。
時間配分を述べる	3．お話しする時間は～でございます。
本題を述べる	4．～ということをご提案いたします。
理由を述べる	5．理由は、～ということ。
ビジュアルを提示して説明する	6．～からおわかりのように～ています。
質問を求める	7．ご質問がございましたらどうぞ。

例

おはようございます。総務部の西川₁でございます。

<u>2本日は残業を許可制にするということ</u>2についてご提案したいと思います。

<u>3お話しする時間は約 5 分</u>3でございます。なお、ご質問はのちほど時間をもうけますので、その時にお願いいたします。

まず、結論から申し上げますと、当社は残業を許可制にするべきである<u>4ということをご提案いたします。</u>

その第一の<u>5理由は</u>、現状では経費削減の必要性がある<u>5ということです。</u>当社の実績をここ数年間で見ますと、売上げは伸び悩んでいるのに対し、経費は年々増加しております。売上げに関して言えば、これは市場が冷え込んでいるというよりも、消費者がよりよい商品をより安く求めていることに起因していると思われます。新商品を開発してもその商品のライフサイクルは短く、さらに、同業他社にすぐに類似品を低価格で販売され、その結果在庫が残ってしまうということになります。開発に投資した経費を回収する間もなく、次の新商品を開発し販売しなければならないことになります。競争力をつけ、販売を伸ばす努力をするのは当然としても、経費も減らさなければなりません。経費は上がることはあっても下がることはないからです。特に経費の中でも人件費の増加が目立っています。ここに売上げと人件費に関して、昨年と今

年を比べたグラフがあります。こちらが昨年と今年の売上げのグラフ、こちらが昨年と今年の人件費のグラフです。このグラフ₆からおわかりのように昨年に比べて、売上げはわずか2%増なのに、人件費は20%も増加し₆ています。この人件費の年間20%増という数字は当社始まって以来の数字です。人件費の中で残業代がその約半分となっており、どうしてもこの残業代を見直す必要があるわけです。

第二の₅理由は、必要性・緊急性のない残業が増加している₅ということです。皆さんは、毎日残業をしています。しかしながら残業をするとき、その必要性や緊急性を考えて残業をしているでしょうか。もちろん必要性や緊急性のある残業をしている場合も数多いでしょう。本来、残業というのは、その日にしなければならない仕事が就業時間内にどうしても終わらない場合にする仕事のことです。仕事はその日の計画を立て手順を考えて終わらせるべきです。不要不急の仕事であれば、次の日にまわしても十分間に合うはずです。しかし、実情は第一の理由の中にもありましたように残業がますます増えてきております。これは当社の残業は事後の自己申告となっており、その内容がチェックされていないことによるものです。残業の自己管理が難しいのであれば、それに代わる管理システムを導入する必要があるわけです。そして最後の₅理由は、残業に対する考え方を再認識する必要がある₅ということです。たとえば、夜遅くまで残業をしている人を、よく働く人、あるいは、仕事熱心な人と見る傾向があるのではないでしょうか。また、残業しないで定時に会社を出る人をあまり働かない人、仕事に不熱心な人と見がちではないでしょうか。その日1日を無計画にダラダラと長時間仕事をする人と、計画を立てて能率よく就業時間内に仕事を終える人と、どちらがよく仕事ができる人と言えるのでしょうか。もちろん、言うまでもなく後者の方です。つまり仕事あるいは残業に対する考え方をあらためなければならないということです。

以上3つの理由で残業の許可制度を導入する₄ということをご提案いたします。
₇ご質問がございましたらどうぞ。
どうもありがとうございました。

STAGE 3

～ Point ～

学習者に自由にトピックを決めさせてやらせる。トピックはどちらかというと、奇抜な新製品を考えさせたほうがプレゼンテーションがおもしろくなる。
・あらかじめ宿題として原稿を書かせておく。
・実際に発表させる。やり方は **STAGE 2** と同じ。

STAGE 4

～ Point ～

もし実際にプレゼンテーションを行った学習者がいれば、それを再現してもらい、その長所短所などについて話し合う。